예수가 주인되는
복음을 말하다

예수가 주인되는 복음을 말하다

저자 김원태

초판 1쇄 발행 2024. 3. 14.
초판 2쇄 발행 2024. 6. 7.

발행처 도서출판 브니엘
발행인 권혁선

책임교정 조은경
책임영업 기태훈
책임편집 브니엘 디자인실

등록번호 서울 제2006-50호
등록일자 2006. 9. 11.

서울특별시 송파구 백제고분로28길 25 B101호 (05590)
마케팅부 02)421-3436
편 집 부 02)421-3487
팩시밀리 02)421-3438

ISBN 979-11-93092-18-7 03230

독자의견 02)421-3487
이 메 일 editorkhs@empal.com

북카페주소 cafe.naver.com/penielpub.cafe
인스타그램 @peniel_books

도서출판 브니엘은 독자들의 원고를 설레는 마음으로 기다리고 있습니다.
위의 이메일로 간단한 기획 내용 및 원고, 연락처 등을 보내주십시오.

도서출판 브니엘은 갓구운 빵처럼 항상 신선한 책만을 고집합니다.

[내가 회복해야 할 복음은 예수의 주되심이다]

예수가 주인되는
복음을 말하다

김원태 | 지음

브니엘

기쁨과 생명 넘치는 그리스도인은?

　　나는 김원태 목사를 오래전부터 알아 왔다. 김원태 목사가 온누리교회 청년부를 섬길 때 큰 부흥이 일어난 것을 보았다. 김 목사는 부흥을 일으키는 자였고 젊은이를 사랑하는 목회자였다. 김 목사는 한국에 셀교회를 세우는데도 나와 함께 동역하였다.

　　나는 오랫동안 한국교회 교인들이 예수를 믿어도 예수 믿지 않는 자와 별 차이 없이 초라하게 살아가는 것을 보았다. 그 이유는 바로 예수님을 구원자로만 믿었지, 왕으로, 주인으로 모시지 않기 때문이다. 예수님을 왕으로 모시고 섬기기보다 오히려 예수님을 종으로 부리는 정도로만 생각하기 때문이다. 그래서 아무런 능력도 기적도 없는 것이다. 나는 김원태 목사가 쓴 「예수가 주인되는 복음을 말하다」는 이 책이 예수님을 왕으로, 주인으로 모시고 살게 해

준다는 확신이 들었다. 그래서 기쁨으로 이 책을 추천하고자 한다.

　이 책은 이런 분들에게 도움을 준다. 예수를 나의 구원자로 믿지만 가정이나 일터에서 불신자와 거의 큰 차이 없이 사는 분들, 세상을 살아가면서 항상 근심, 걱정, 두려움 속에 사는 분들, 이 세상 살다 죽으면 어디로 가는지 모르는 분들, 예수를 믿는데도 삶이, 성품이 변하지 않는다고 생각하는 분들, 자주 직장이나 가정, 교회에서 문제를 일으키는 분들, 교회를 오래 다녔어도, 훈련을 많이 받았어도, 직분을 받고 오래 봉사했어도 나 자신이 변화되지 않는다고 여기는 분들이 이 책을 읽으면 큰 변화를 경험하게 될 것이다.

　분명히 예수를 믿기는 믿는데 마음에 평화가 없는 분들, 기쁨이 없는 분들, 내면에 두려움과 불안, 염려가 자주 있는 분들은 이 책을 읽고 흉내만 내도 평안과 행복을 경험하게 될 것이다. 열등감과 외로움과 애정결핍 속에 비참하고 우울하게 사는 분들에게 모든 문제를 해결하는 복음이 무엇인지를 쉽고 확실하게 경험시켜 주는 책이다. 무명한 사람, 가난한 사람, 고난 중에 있는 사람, 실패한 사람들에게는 만족함, 부요함, 견뎌낼 힘을 주는 복음의 능력, 하나님의 능력을 경험시키는 책이 될 것이다, 이 책은 초신자는 물론이거니와 교회를 오래 다닌 분들도 다 읽고 정말 기쁨과 생명이 넘치는 믿음생활을 할 수 있게 되길 바란다.

김인중 목사 _ 안산동산교회 원로

복음에 합당한 삶은?

저자인 김원태 목사는 하나님의 말씀인 성경을 진심으로 사랑하는 목회자이다. 신구약 성경 전체를 4번 이상 큐티한 분이다. 그만큼 꼼꼼히 성경을 묵상했다는 뜻이다. 이미 약 20권의 저서를 썼는데 그때와는 완전히 다른 감동을 이 책을 쓰며 경험했다고 한다. 왜냐하면 성경의 가장 중요한 내용을 썼기 때문이다.

이 책에서 저자는 성경의 가장 중요한 주제인 복음에 대해 말씀한다. 복음에 합당한 삶이 바로 내게 생명을 주신 주님을 나의 주인으로 모시고 매 순간을 살아가는 것이라고 말씀한다. 많은 그리스도인이 예수님을 구원자로는 모시지만, 내 인생의 모든 순간에 순종해야 할 주인으로 모시지 않는 것이 오늘을 사는 성도들의 문제라고 지적한다. 죄는 바로 내가 주인 된 삶이라고 정의한다. 진정한 구원, 즉 진정한 복음을 누리는 삶은 예수 그리스도를 구원자인 동시에 주인으로 모시는 것이라고 말씀한다. 일상의 모든 순간까지 예수님을 주인으로 모시고 살아간다면, 그것이 하나님께 영광 돌리는 삶이자 구원의 복을 전인적으로 누리는 것이라고 강조한다.

이 책은 칭의만이 아니라 성화를 강조하고 있다. 그 성화를 이루는 방법이 예수님을 주인으로 모시고 순종하는 삶이라고 강조한다. 칭의는 법정적 의미이고 성화는 관계적 의미이다. 법정적 칭의만 강조하면 자칫하면 한번 구원받았으니 마음대로 살아도 천국 갈 수 있다는 이상한 믿음을 낳게 한다. 그래서 법정적 칭의와 동시에 아버지와 아들의 관계 유지가 더 중요하다고 말한다. 그것이 바로 예수님을 주인으로 모시는 삶이다.

그렇게 하기 위해서는 자신을 주인으로 삼고 살고자 하는 자아를 십자가에 못 박아야 한다고 강조한다. 날마다 죽어야 한다. 그리스도의 종이 되어서 다스림을 받아야 한다. 그럴 때 우리의 삶은 변할 수 있다고 말한다. 여러분이 진정한 그리스도인의 삶을 살기를 갈망한다면, 이 책을 꼭 읽어보기를 간절히 추천하고 싶다.

박성규 총장 _ 총신대학교

당신에게 복음이란 무엇인가?

김원태 목사를 개인적으로 알게 된 지도 어언 30년이 넘었다. 그는 한국 최초의 큐티 잡지 〈생명의 삶〉의 편집장으로 한국교회를 말씀으로 세우는 일에 헌신하였다. 그는 말씀의 사람이다. 그의 빙그레 미소는 백만 불짜리다. 3년 전 팬데믹 코로나가 전 세계를 강타했을 때 나는 선교지(파라과이)에서 모국을 방문 중에 수지 기쁨의교회에서 주일 오전 예배를 드렸다. 밝고 환한 기쁨과 감격의 예배였다. 코로나 기간임에도 오히려 더 성장하고 있다고 하셨다.

최근까지 김원태 목사는 신구약 성경 전체를 알뜰하게 4번 큐티하였다고 했다. 그러면서 성경에서 말하는 복음을 더욱더 선명하게 깨닫게 되었다고 고백한다. 성경에서 복음을 정확히 알게 되면 삶이 100% 바뀌고 매일 매일이 축제가 되는 삶을 살게 된다. 사복음서에서 말하는 복음의 내용을 면밀하게 살피면서 이번에 「예수가 주인되는 복음을 말하다」란 이 책을 출판하였다. 복음은 예수님을 '나의 구원자이며 주이심'을 고백하는 삶이다. 복음이란 그 예수님을 그리스도로 믿고 내 인생의 주인으로 모시는 삶이다.

이 책은 다음의 3가지 이유로 한국교회 모든 성도와 교회 리더들에게 큰 유익이 될 줄 믿는다.

첫째, 신앙생활을 열심히 하는데도 기쁨과 감격이 없는 사람은 반드시 이 책을 읽어야 한다. 본서에서 예화를 들고 있는 이민아 목사의 고백을 눈여겨보아야 한다. 그는 교회에서 제자반, 사역반, 큐티반, 성경 통독반과 수많은 성경 공부에서 10여 년간 열심을 냈다. 그리고 "예수님은 내 주인이십니다"라고 고백도 하였다. 그러나 실제 일상에서 예수님이 주인이 아니라 그 자신이 주인 된 종교생활을 하였음을 뒤늦게 깨닫게 되었다.

둘째, 익숙한 사복음서에 밝히는 "복음이란 무엇인가?"를 깨닫고, 날마다 잔치하는 삶을 살기를 원하는 자는 꼭 읽어야 할 책이다. 솔직히 나는 선교사로서 아프리카와 남미, 그리고 영국에서 신학교와 교회에서 복음을 전하고 가르쳤다. 3개 대륙에서 깨닫는 것이 많다. 참으로 복음을 알고 누리는 사람은 극소수임을 확인했다. 이 얼마나 손해인가? 이 얼마나 원통한가?

셋째, 이 책은 소주제 7개로 절묘하게 구성되어 있다. 매번 소그룹에서 함께 구호를 제창하며 공부하고 나누는 가운데서 전인격적

'복음을 누리는 삶의 실제'를 경험할 수 있게 배려하였다. 틀림없이 큰 유익이 될 것이다. 마지막 7과, '예수를 주를 모시면 이기는 인생이 된다' 대로 이 책을 읽고 소그룹에서 함께 나눈다면, 2달이 채 안 되어서 모든 독자가 '이기는 인생'을 살게 될 것을 확신한다.

모쪼록 독자들이 이 책을 정독한 후 사복음서를 읽는다면 "복음이란 무엇인가"가 훤하게 보여서 성경을 읽고 묵상하는 차원이 달라질 것이다. 기독교는 결코 종교가 아니다. 그런데도 주위를 둘러보면 종교생활에 얽매여 사는 성도가 너무나 많은 듯하다.

특별히 전 세계 선교현장에서 고군분투하며 복음을 전하는, 먼저 제자가 되어 또 다른 제자 삼기에 올인하는, 동료 선교사들과 척박한 목회현장에서 한 영혼을 붙들고 몸부림치는 모든 목회자, 소그룹 지도자들에게 이 책을 강력히 추천하고 싶다. 할렐루야!

배안호 목사 _ 영국 선교사

한국판 '주재권 구원'에 대한
성경적인 실전 가이드

"의인은 그의 믿음으로 말미암아 살리라"(합 2:4)라는 하나님
의 말씀은 신약성경에 여러 차례 인용되었고, 16세기 종교개혁의
도화선이 되어 개신교를 탄생시켰다. 신자라면 누구에게나 '구원
의 불문율'처럼 한결같이 사랑받는 말씀이기도 하다. 이 말씀의 논
리가 비약되어 "믿기만 하면 구원", "한 번 구원은 영원한 구원"이
란 말까지 나왔다.

그런데 이 말씀에 나오는 '믿음'이란 단어의 히브리어 '에무
나'는 이런 논리와는 사뭇 다르게 '충실', '충성'이란 뜻을 지닌다.
이 말씀을 그대로 인용한 신약성경의 여러 구절(롬 1:17, 갈 3:11,
히 10:38)에 나오는 '믿음'이란 단어의 헬라어 '피스티스' 역시 같
은 의미가 있다.

성경에서 복음은 예수님의 영원한 하나님의 아들 되심, 다윗의 혈통을 통한 성육신, 인간의 죄를 대속한 죽음과 장사, 사흘 만의 부활, 승천하신 후 왕위에 오르심, 그리고 왕으로서 세상을 심판하기 위해 장차 지상에 재림하실 것에 관한 이야기다. 구원받는 믿음은 이 복음에 대한 지식과 동의, 신앙고백과 더불어 왕이신 예수님께 대한 충성으로 구성된다. 그러나 그동안 한국교회에서는 신자들의 죄를 대속하신 예수 그리스도의 십자가상의 죽음에 강조점을 둔 '죄 사함의 복음'에 주로 관심이 많았다.

그러나 성경에서 복음은 신자 개인에게 구원을 주는 속죄 체계에 대한 일회적인 믿음으로 시작해 그 믿음의 지속적인 표현이자 구현이라고도 할 수 있는 각 신자의 주님이자 왕이신 예수님을 향한 충성스러운 순종을 일관되게 강조한다. 십자가와 부활과 더불어 예수님의 주 되심과 왕권에 대한 강조가 충분히 복원되어야 반쪽 복음, 반쪽 믿음에서 벗어날 수 있다. 복음의 핵심은 왕으로서의 예수님의 통치이며, 예수님께 대한 믿음을 가장 잘 묘사하는 표현이 바로 왕이신 예수님께 대한 충성이다. 여기서 '믿음=충성'이란 등식이 성립된다.

김원태 목사의 책 「예수가 주인되는 복음을 말하다」는 이렇게 원래부터 신구약 성경이 일관되게 강조해 온 온전하고도 균형 잡힌 성경적 믿음을 복원하는 데 주된 초점을 맞춘 책이다. 신자가 하나님이 아닌 자신을 주인으로 삼고 사는 삶, 곧 죄의 뿌리를 부인하고, 예수님만을 자기 삶의 주인이자 왕으로 모셔야 참된 신앙, 진정한 십자가 제자도의 복음을 회복할 수 있다고 강력하게 촉구한다.

나는 김 목사가 진행했던 '예수가 나의 주인이시다' 세미나에 참석한 적이 있다. 한국교회의 많은 목회자와 성도들이 이제는 '예수님을 구원자인 그리스도로서만 아니라 하나님의 아들, 곧 왕이자 주인으로도 믿고 영접해야 참된 구원'이라는 가르침을 거부감 없이 받아들이게 하는 데 귀한 촉매제 역할을 감당하고 계셨다. 이 책은 간결한 문체로 사복음서를 포함한 성경 전체의 맥락 안에서 일일이 관련된 성경 구절들로 합당한 근거를 밝히는 가운데 그 세미나의 핵심 내용, 곧 '예수를 믿는다는 것은 나를 죽이고 내 안에 예수를 주인으로 모시는 것'이라는 하나의 주제를 선명하게 잘 담아내고 있다.

김원태 목사가 이 책에서 강조하는 구원관은 영미권에서는 이미 아더 핑크, 존 스토트, 마틴 로이드 존스, 제임스 패커, 존 맥아더, R. C. 스프로울, 존 파이퍼 등의 목회자와 신학자들이 '주재권 구원'(Lordship salvation)이란 이름으로 소개해 온 구원관이다. 내가 알기로 한국에서는 김원태 목사가 가장 헌신적으로 앞장서서 이 구원관을 널리 알리고 계신 것 같다. 이 책에서는 특히 현역 목회자로서 예수님의 '주' 되심의 진리를 신자들이 삶 속에서 어떻게 구체적으로 적용해 순종의 열매를 거둘 수 있는지에 대해서도 적절한 목양적 지침을 제시해 준다. 정말 오랜 가뭄 끝에 단비를 만나듯 반갑고 감사한 마음뿐이다.

예수님은 "자기 백성을 그들의 죄에서 구원할 자"(마 1:21)이셨다. 그 예수님을 구원자이자 주님으로 믿는다는 건 구속의 사실에 대한 단순한 지적 동의나 고백만이 아니라 실제로 죄를 용서받고 죄에서 건져진다는 의미다. 그래서 일상에서 죄를 미워하는 영적 분별력을 갖고 죄를 이기는 성령의 권세 또한 받아 누린다는 것이다. 구원의 여정은 죄를 용서받아 하나님의 자녀로 바뀐 신분에 걸맞게 죄의 권세에서 벗어나 거룩한 주의 종으로 주의 말씀에 철저히 순종하며 사는 것까지라고 역설하는 이 책을 통해, 올바른 구원의 도리를 찾는 한국교회의 많은 목회자와 성도들이 시원한 영적 해갈의 기쁨을 맛보게 되길 바란다. 그래서 예수님을 주인으로 삼고 사는 참된 예배자들만이 얻을 수 있는 진정한 인생의 승리와 행복을 누리게 되길 원한다.

안환균 목사 _ 변증전도연구소 소장

신앙을 바로세우는 필독서

김원태 목사는 목회에서 열매를 본 신실한 주의 사역자이다. 개인적으로도 선교지에 같이 가서 교제하였고, 전파하는 말씀도 들어보았다. 김 목사는 예수님에 대한 복음에 깊은 이해와 그의 영성에서 나온 고백이 가득 차 있으며, 또한 이러한 고백들이 그의 저술에 고스란히 녹아져 있다.

특히 이 책 「예수가 주인되는 복음을 말하다」에는 보통 사람들이 놓치기 쉬운 예수님이 '주님'이라는 면을 강조하고 있다. 이것은 구약신학에서도 예수님은 '주님'이시고, 또한 하나님이심을 강조하는 면과 맥을 같이한다. 예수님을 믿는다는 것, 그리고 예수님을 바르게 고백하는 것이 신앙의 핵심으로, 실제적인 삶에서 우리가 예수님을 우리 삶의 주인으로 모시는 게 복음의 핵심임을 잘 지적하고 있다.

    목회, 사역 그리고 선교의 모든 영역에서 이 말씀이 김 목사의 중요한 고백이며, 또한 이 책의 내용으로써 신앙의 가장 핵심적인 메시지로 많은 분에게 도전이 될 것을 확신한다. 신앙을 바르게 세워가고자 하는 분들은 이 책을 꼭 읽어보길 필독서로 추천하는 바이다.

이학재 목사 _ 미국, Covenant University 부총장

본질로 돌아가라

  본질, 근래 마음에 들어와 있는 단어이다. 많이 듣고 자주 접하는 단어인데, 그 단어가 내 마음에 들어와 있다. 목회하며 놓치지 않고 붙잡고 가는 단어 몇이 있는데 본질도 그중 하나이다. 아마 「예수가 주인되는 복음을 말하다」는 이 책의 독자 대부분을 '우리'라고 칭해도 무리는 없을 것 같다. '우리'는 그리스도인이다.

  그렇다면 "그리스도인에게 본질은 무엇일까?" 이런 질문을 하고 이것에 대한 답을 성경에서 찾아 가슴에 새긴 사람이 그리스도인이다. 이 질문에 내가 성경을 통해 찾은 답은 '복음'이다. '복음'은 우리의 본질이고, '복음'은 우리의 소망이며, '복음'은 우리의 능력이다. '복음'이란 단어만 들어도 가슴이 뛴다. 이런 나에게 김원태 목사가 「예수가 주인되는 복음을 말하다」란 책을 출간하게 되었다는 소식과 함께 책 원고를 보내주었다.

김 목사와 나는 총신대학교 신학대학원 동기이다. 나는 오랫동안 김 목사를 보아왔다. 저자가 소개하는 복음이 나의 평소에 생각하는 복음과 별반 차이가 없다. 나는 아직 책으로 나오지 않은 김 목사의 책 원고를 먼저 읽었다. 본질에 관한 내용으로 가득한 원고였다. 책 안에 복음에 가슴 뛰는 김 목사가 거기 있었다. 20여 권의 책을 출판한 김 목사인데, 이 책을 쓸 때 유난히 가슴이 뜨거웠다고 했다. 나도 경험한 일이라, 김 목사의 말에 공감했다.

이 책은 본질에 관심 있는 그리스도인을 위한 아주 훌륭한 지침서다. 이 책을 읽으면 기쁘고, 이 책을 읽으면 살고, 이 책을 읽으면 손발이 움직이는 우리를 행복하게 하는 책이다.

조현삼 목사 _ 서울광염교회 담임

언젠가 스위스 목사님을 만나 대화하던 중 그분이 나에게 한국 교회의 가장 큰 문제점이 무엇이냐고 물었다. 나는 주저하지 않고 한국 교인들이 예수님을 죄 문제를 해결해 주시는 그리스도(구원자)로만 믿고 주인으로 모시지 않는 것이라고 말하였다. 예수 믿는다고 말은 하면서 예수를 주인으로 모시지 않으면, 교회 문밖만 나가면 자기가 주인이 되어 자기 마음대로 살게 되는 것이다. 예수를 믿지만 불신자와 거의 큰 차이 없이 살게 된다.

스위스 목사님은 나에게 그러면 그 문제를 어떻게 해결하려 하느냐고 물었다. 나는 복음을 분명히 전해주면 된다고 말하였다. 그분은 내가 말하는 복음을 듣고 너무 좋아하였다. 그는 자기 나라에도 똑같은 문제가 있는데 답을 알게 되어 기쁘고 고맙다고 하였다.

의외로 많은 사람이 복음이 무엇인지 분명하게 말하지 못한다.

누군가 당신에게 복음이 무엇이냐고 물으면 무엇을 말하겠는가?
아무리 교회를 오래 다녀도 복음이 무엇인지 정확하게 한 문장으
로 말하는 사람이 많지 않다. 나는 한 문장으로 복음이 무엇인지
말하길 원한다. 여러 목사님이 모인 어느 노회에서 강의하면서 물
어보았다.

"복음을 한 문장으로 말하라면 무엇이라고 하겠습니까?"

예수라고 대답한 분이 있었다. 맞다. 예수가 복음이다. 바울은
로마서 1장에서 복음은 하나님의 아들에 대한 것이라고 말하였다.

"이 복음은 하나님이 선지자들을 통하여 그의 아들에 관하여 성
경에 미리 약속하신 것이라"(롬 1:2)

복음은 하나님의 아들 즉 예수에 대한 것이라고 바울은 말한다.
그런데 그 예수의 무엇을 말해야 복음인가? 대부분의 목사는 예수
님을 우리 죄 문제를 해결해 주신 그리스도로 말하였다. 물론 예수
님이 그리스도(메시아)인 것은 맞으나 이것이 성경이 말하는 복음
의 전부는 아니다.

나는 이 책을 통해 아주 정확하고 분명하게 복음을 한 문장으로
설명하길 원한다. 물론 복음을 한 문장으로 말한다는 것은 어려운
것도 사실이다. 복음서에서 말하는 복음과 예수님께서 말씀하시는
복음과 서신서가 말하는 복음이 약간씩 다르기 때문이다. 나는 사

복음서에서 말하는 아주 분명한 복음을 나누길 원한다.

나는 엄마 등에 업혀서 교회를 다녔다. 중등부, 고등부, 대학부에서는 회장을 하면서 교회를 열심히 섬겼다. 어린 시절부터 교회에서 주로 지냈고, 대학 졸업 후에는 총신대학원에서 신학을 공부하여 목사가 되었고, 미국에서 신학 석사를 공부하고 목회학 박사학위를 받았다. 지금은 목사가 된 지 30년이 넘었다. 여러 교회에서 부목사로 섬겼고 수지 기쁨의교회를 개척해서 담임목사가 된지 24년이 되었다.

나는 대학 시절 CCC라는 선교단체를 통해 큐티를 알게 되었고 신대원 졸업 이후 두란노 서원에 들어가서 큐티 책임자로 생명의 삶 편집장을 하면서 「새벽나라」, 「예수나라」, 「말씀묵상」 등을 창간하였다. 나는 신구약 성경 전체를 큐티를 4번 이상 하였다. 성경을 꼼꼼히 한 구절 한 구절 묵상하면서 사복음서에서 말하는 복음이 무엇인지 정확하게 알게 되었다.

나는 책을 20권 정도 썼지만, 이 책만큼 흥분과 설렘을 주는 책은 없었다. 이 책을 통해 모든 사람이 복음을 정확하게 알고 복음이 주는 큰 은혜를 누릴 수 있게 되길 바란다.

복음을 정확하게 알게 되면 삶이 바뀌고 하루하루가 축제가 된다. 나는 우리 교회에서 이 분명한 복음을 듣고 삶이 완전히 달라진 사람을 많이 보았다. 아무리 교회를 오래 다녀도 변하지 않는 이들이 이 복음을 알고 변화되었다. 어떤 선교사님은 내가 전하는 이 분명한 복음을 듣고 평생의 고민이 풀렸다고 말했다. 서울의 유명한 교회에서 장로로 섬겼던 한 장로님은 죽음을 눈앞에 두고 천국에 갈 수 있는가에 대한 걱정이 있었는데 이 복음을 듣고 평안하게 죽음을 맞이하였다. 나는 예수를 믿는 모든 이가 이 분명한 복음으로 날마다 축제가 되는 삶을 살기 바란다.

　　마지막으로 이 책을 쓸 수 있도록 도와준 나의 최고의 동역자이자 친구인 아내와 또 늘 부족한 종을 위해 기도해 주시는 기쁨의 교우들에게 감사드리고, 또 이 책을 기쁨으로 출판해 주신 브니엘 출판사에 감사드린다.

예수의 종 김원태

C · O · N · T · E · N · T · S

차 례

[이 책을 효과적으로 사용하는 방법]

- 구호 제창 - 예수가 나의 주인이시다
- 주제 찬양 - 〈구주와 함께 나 죽었으니〉 〈무명이어도 공허하지 않은 것은〉
- 소요 시간 - 강의 60분, 소그룹 모임 30분
- 조 편성 - 한 조는 8명으로 하고 조장과 부조장을 세운다.
  조장과 부조장은 1주일 동안 조원의 이름을 부르며 기도로 중보한다.

〈 암송 구절 〉

▶ 1과
  "오늘 다윗의 동네에 너희를 위하여 구주가 나셨으니 곧 그리스도 주시니라"
  (눅 2:11).
  "하나님의 아들 예수 그리스도의 복음의 시작이라" (막 1:1).
  "시몬 베드로가 대답하여 이르되 주는 그리스도시요 살아계신 하나님의
  아들이시니이다" (마 16:16).
  "오직 이것을 기록함은 너희로 예수께서 하나님의 아들 그리스도이심을 믿게 하려
  함이요. 또 너희로 믿고 그 이름을 힘입어 생명을 얻게 하려 함이니라" (요 20:31).

▶ 2과
  "죄의 삯은 사망이요. 하나님의 은사는 그리스도 예수 우리 주 안에 있는 영생이니
  라" (롬 6:23).

—

복음이란 무엇인가?

＊　＊　＊　＊　＊

"천사가 이르되 무서워하지 말라. 보라 내가 온 백성에게 미칠
큰 기쁨의 좋은 소식을 너희에게 전하노라. 오늘 다윗의 동네
에 너희를 위하여 구주가 나셨으니 곧 그리스도 주시니라"(눅
2:11).

"하나님의 아들, 예수 그리스도의 복음의 시작이라"(막 1:1)

"시몬 베드로가 대답하여 이르되 주는 그리스도시요 살아계신
하나님의 아들이시니이다"(마 16:16).

"오직 이것을 기록함은 너희로 예수께서 하나님의 아들, 그리스
도이심을 믿게 하려 함이요. 또 너희로 믿고 그 이름을 힘입어
생명을 얻게 하려 함이니라"(요 20:31).

복음은 한자어로 표현한 것이고 그 뜻은 기쁜 소식을 말한다.

복음은 헬라어로 '유 앙겔리온'이라는 두 단어의 합성어로 되어 있다. '유'는 좋은(good) 또는 기쁨(joyful)이라는 뜻이고 '겔리온'은 메시지(message)다. 번역하면 좋은 소식(good news), 기쁜 소식(joyful news)이다.

예수님 당시는 로마가 세계를 지배하였다. 그 당시 전쟁에서 이기면 이 기쁜 소식(복음)을 전할 전령을 왕궁에 보냈다. 전령은 왕궁에 들어가서 황제에게 엎드려 이렇게 말하였다.

"폐하! 제가 유앙겔리온(좋은 소식)을 가지고 왔습니다."

또 로마 황제가 머무는 황궁에 왕자가 태어나면 모든 백성에게 유앙겔리온(기쁜 소식)을 알렸다. '유앙겔리온'은 이렇게 승리의 소식, 좋은 소식을 말한다. 그러면 이제 복음서에서 말하는 복음이 무엇인지 살펴보자.

신약성경에 복음이라는 단어는 76번 나온다. 사복음서에 16번 나오고 그 외 서신서에는 60번 기록되었다. 복음이라는 단어는 여러 가지 뜻으로 사용되고 있지만 가장 중요한 것은 복음은 바로 예수라는 것이다. 바울은 로마서 1장 2절에서 복음은 하나님의 아들에 대한 것이라고 말하였다.

> "이 복음은 하나님이 선지자들을 통하여 그의 아들에 관하여 성경에 미리 약속하신 것이라."

바울은 로마서 1장 9절에서 복음은 하나님의 아들, 즉 예수에 대한 것이라고 말한다.

"내가 그의 아들의 복음 안에서 내 심령으로 섬기는 하나님이 나의 증인이 되시거니와 항상 내 기도에 쉬지 않고 너희를 말하며"(롬 1:9).

'아들의 복음'이라는 것은 하나님 아들 자체가 복음이라는 것을 말한다. 바울은 고린도후서 11장 4절에서 예수와 복음을 동의어로 사용한다.

"만일 누가 가서 우리가 전파하지 아니한 다른 예수를 전파하거나 혹은 너희가 받지 아니한 다른 영을 받게 하거나 혹은 너희가 받지 아니한 다른 복음을 받게 할 때에는 너희가 잘 용납하는구나"(고후 11:4).

바울은 예수가 복음이라고 말한다. 그래서 예수님의 생애를 다룬 마태복음, 마가복음, 누가복음, 요한복음을 모두 복음서라고 말하는 것이다. 그러면 예수의 무엇이 우리에게 복음이 되는가? 이제 복음서를 통해 그 복음이 무엇인지 정확하게 살펴보자

누가복음에서 말하는 복음은?

누가는 사복음서를 기록한 사람 중에 유일하게 이방인이다. 그는 유대인이 아닌 헬라인이다. 그래서 누가복음은 헬라인을 위해 기록한 복음서이다. 그의 직업은 의사다. 그는 훈련받은 자로서 누구보다도 정확하게 누가복음을 기록하였다. 그는 누가복음과 사도행전에서 병자들의 상태를 정확하게 기록하였다. 누가복음에서는 복음이 무엇인지도 정확하게 말한다.

예수님이 태어나시는 첫 성탄 때 천사들이 베들레헴 지경 밖에서 양을 치던 목자들에게 나타나 복음을 정확하게 전했다.

"천사가 이르되 무서워하지 말라. 보라. 내가 온 백성에게 미칠 큰 기쁨의 좋은 소식을 너희에게 전하노라"(눅 2:10).

천사들이 목자들에게 말하는 '큰 기쁨의 좋은 소식'이라는 것이 바로 복음이라는 말이다. 예수님 당시 목자는 사회적으로 무시당하는 자들이며 사회적 약자이다. 천사는 그들에게 그냥 좋은 소식이 아니라 큰 기쁨의 좋은 소식, 즉 복음을 전하겠다고 하였다. 여기에 '온 백성'은 유대 민족뿐만 아니라 온 인류를 의미한다. 목자들은 이 말을 듣고 깜짝 놀랐다. 자신들은 한 번도 온 인류를 위한 큰 기쁨의 좋은 소식을 생각해 본 적이 없었다. 그들에게 기쁨이라는 것은 고작 자신이나 가족을 위한 것뿐이었다. 그런데 온 인류를 위한 큰 기쁨의 소식을 전해준다니 깜짝 놀란 것이다.

'큰'이라는 헬라어는 '메가렌'이다. 이 말은 메가톤급의 기쁨을 말한다. 목자로서는 도무지 상상해 본 적이 없는 메가톤급의 큰 기쁨의 소식을 전해주신다는 말이다. 그 큰 기쁨의 좋은 소식은 그 다음 절에서 소개된다.

> "오늘 다윗의 동네에 너희를 위하여 구주가 나셨으니 곧 그리스도 주시니라"(눅 2:11).

천사가 말하는 큰 기쁨의 좋은 소식, 즉 복음은 구세주가 태어난다는 것이다. 천사가 말하는 구세주는 '그리스도'이며 '주'라는 것이다. 누가복음에서 말하는 복음은 예수가 '그리스도'이며 '주'이신 것이다. 다윗의 동네에 태어나는 아이는 이스라엘 백성이 그토록 기다리는 그리스도(메시아)를 말한다. 그리스도는 헬라어이고 히브리어로는 '메시아'다. 그리스도는 예수님이 우리 죄를 위해 십자가에 죽으시고 부활하신 구원자라는 뜻이다. 우리가 교회를 1~2년 정도 다니면 예수님이 우리 죄를 위해 죽으시고 부활하신 '그리스도'이신 것은 금방 알게 된다. 그런데 예수님이 '그리스도'이시며, 동시에 '주'이신 것은 간과한다.

예수님이 다윗의 동네에서 태어난다는 말은 왕족이라는 뜻이다. '주' 라는 말은 헬라어로 '큐리오스' 인데 이 말은 구약의 '아도나이' 를 번역한 단어이다(구약에서 아도나이는 하나님을 부를 때 사용하였다). 또 동시에 신약의 목자들이 살던 시대에는 로마 황제에게 사용된 단어이다. 우리는 '주' 라는 단어가 그냥 호칭인 줄 알고 너무나 쉽게 지나치지만 목자들에게 들리는 '주' 라는 단어는 그 말이 주는 크기와 무게감이 엄청나다.

누가는 이미 누가복음 1장에서 태어날 아기 예수가 영원히 야곱의 집을 다스릴 왕인 것을 말하였다.

"영원히 야곱의 집을 왕으로 다스리실 것이며 그 나라가 무궁하리라"(눅 1:33).

성경에서는 왕과 주를 같이 사용한다.

"그 옷과 그 다리에 이름을 쓴 것이 있으니 만왕의 왕이요 만주의 주라 하였더라"(계 19:16).

목자들이 천사로부터 들은 복음, 다윗의 동네에 태어날 아기 예수님이 온 인류를 살리는 '그리스도' 이며 황제보다 크신 '주', 즉 하나님이시라는 말에는 놀라움과 경외심이 가득하였다. 천사들은 아기 예수님이 태어나셨을 때 이렇게 찬송하였다.

"지극히 높은 곳에서는 하나님께 영광이요. 땅에서는 하나님이 기뻐하신 사람들 중에 평화로다 하니라"(눅 2:14).

예수를 그리스도로, 동시에 주인으로 모시는 자에게는 평화가 온다는 뜻이다. 인생은 늘 불안하고 두려움이 가득하다. 그 어디에도 평화가 없다. 아무리 돈이 많아도 아무리 큰 권력을 가졌어도 불안하고 두렵다. 인간이 불안하고 두려운 것은 죄 문제가 해결되지 않아서 그렇다. 그런데 예수를 그리스도로 믿으면 죄 문제가 해결된다. 예수를 그리스도로 믿어도 불안하고 두려운 것은 내가 주인이 되어 살기 때문이다.

그리스도인 예수를 주인으로 모시면 현재와 미래의 두려움이 사라지고 평안해진다. 당신이 아무리 예수를 그리스도로 믿는다고 말해도 그 그리스도 예수를 주로 모시고 살지 않는다면 당신에게서 두려움이 사라지지 않을 것이다. 그러나 그리스도 예수를 주로 모시고 산다면 모든 근심, 걱정과 두려움이 사라지고 평안이 넘치게 된다. 결론적으로 예수를 그리스도로, 주로 모시면 큰 평안이 가득 차게 된다.

누가복음은 두 가지 구조로 되어 있다. 누가복음 1장~18장까지는 예수님이 '주인'으로 수많은 사람을 만나는 것을 기록하고, 누가복음 19장~24장까지는 예수님 공생애 마지막 한 주간을 기록하면서 예수님이 우리 죄를 위해 죽으시는 '그리스도'이심을 말하고 있다. 누가가 전하는 복음은 예수님이 '그리스도'이신 것과 '주'이신 것이다. 누군가 당신에게 "복음이 무엇이냐?"고 묻는다면 누가복음에 기록된 대로 "예수가 그리스도이신 것과 주이신 것"을 말해야 한다.

마가복음에서 말하는 복음은?

마가복음은 사복음서 중에 가장 먼저 기록된 복음서이다. 그냥 신약성경을 보면 마태복음이 가장 앞에 있어서 마태복음이 가장 먼저 기록된 것으로 여길 수 있지만 실상은 마가복음이 가장 먼저 기록되었다. 마가복음에 조금씩 첨가한 것이 마태복음이고 누가복음이다. 마태복음은 마가복음 내용의 90%가 그대로 기록되어 있고, 누가복음은 마가복음의 40%가 그대로 기록되어 있다.

마가는 사도행전 1장에 나오는 마가의 다락방 주인 마리아의 아들이다. 그는 부잣집 아들로 태어났다. 마가의 어머니 마리아는 초대교회 교인 120명이 모여 10일 동안 기도할 수 있도록 집을 내어 준 사람이다. 남자만 120명이니 여자와 어린아이까지 포함하면 훨씬 많은 사람이 모여 기도한 것이다. 그만큼 마가의 집은 컸고 그들을 먹일 수 있을 만큼 부자였다.

초대교회의 사람들에게 존경받았던 바나바는 마가의 외삼촌이다. 마가는 자기 집에서 매일 설교하는 베드로와 가까웠다. 나중에 마가는 베드로의 도움으로 마가복음을 쓰게 되었다. 사실 마가복음은 마가가 쓰긴 하였지만 베드로가 쓴 것이나 마찬가지다.

사복음서 중에 제일 먼저 기록된 마가복음은 첫 장 첫 절에서 복음을 소개한다.

"하나님의 아들 예수 그리스도의 복음의 시작이라"(막 1:1).

나는 신약성경을 200번 정도 읽었다. 그러나 이 구절이 내 눈에 들어오지 않았다. 그런데 이 구절을 원어인 헬라어로 읽고 탄성을 지르게 되었다. 원어에는 "복음의 시작 예수 그리스도 하나님의 아들"로 되어 있다. 다시 말하면 복음의 시작은 예수가 그리스도이며 하나님의 아들이라는 뜻이다. 나는 이 구절을 읽고 복음을 분명히 알게 되었다. 신약성경의 첫 책인 마가복음 1장 1절에서 제일 먼저 복음을 아주 정확하게 설명하고 있다. 복음이라는 것은 예수가 그리스도이시며 하나님의 아들이라는 것이다. 이렇게 정확하고도 쉽게 설명하고 있는 복음을 왜 보지 못했을까? 그것은 우리 한글 성경의 번역이 순서를 뒤바꾸어 놓아서다.

마가복음에서 말하는 복음은
예수가 그리스도이시며 하나님의 아들이라는 것이다.

마가복음은 로마인을 위해 쓴 복음서이다. 로마인은 신의 아들이 보통 왕들보다 훨씬 더 위대한 왕이라는 것을 알고 있다. 그래서 그들의 왕을 그냥 왕이라 말하지 않고 디비 필리우스(신의 아들)라고 불렀다. 따라서 예수님을 하나님의 아들이라고 표현하는 것은 왕보다 높은 분임을 암시하는 것이다.

잠깐, 여기서 누가복음에서 말하는 복음과 마가복음에서 말하는 복음이 다르다는 것을 보게 된다. 복음이 다르다면 문제가 생긴 것이다. 누가복음에서 복음은 예수가 '그리스도'와 '주'이신 것인데 마가복음에서 복음은 예수가 '그리스도'와 '하나님의 아들'인 것을 말한다. 그러면 '주'와 '하나님의 아들'과의 상관관계를 생각해야 한다. 만약 '주'와 '하나님의 아들'이 다르다면 두 복음서가 서로 충돌이 된다. 그러나 '주'와 '하나님의 아들'이 같은 뜻이라면 두 복음서는 똑같은 것이다.

하나님 아들의 뜻이 무엇인지 살펴보자. 하나님의 아들은 하늘과 땅의 모든 권세를 가진 자이다.

"예수께서 나아와 말씀하여 이르시되 하늘과 땅의 모든 권세를 내게 주셨으니"(마 28:18).
"아버지께서 아들을 사랑하사 만물을 다 그의 손에 주셨으니"(요 3:35).

'하늘과 땅의 모든 권세를 가진 자' 라는 말이나 '만물을 다 그의 손에 가졌다' 는 말은 하나님의 아들이 하늘과 땅의 주인이라는 뜻이다. 즉 하나님의 아들이라는 말은 주인이라는 말과 같은 의미이다. 사도 바울은 로마서에서 '하나님의 아들' 의 뜻이 '주인' 이라고 분명히 말하고 있다.

> "성결의 영으로는 죽은 자들 가운데서 부활하사 능력으로 하나님의 아들로 선포되셨으니 곧 우리 주(인) 예수 그리스도시니라"(롬 1:4).

목수의 아들 평범한 예수가 하나님의 아들이 된 것은 병든 자를 고치거나 놀라운 메시지를 전하였기 때문이 아니라 십자가에 죽은 후 부활하심으로 온 세상에 선포된 것이라고 말하면서 '하나님의 아들' 의 뜻은 곧 우리 '주인' 예수라고 말하였다. 고린도전서 1장 9절에도 하나님의 아들은 주인이라고 말한다.

> "너희를 불러 그의 아들 예수 그리스도 우리 주와 더불어 교제하게 하시는 하나님은 미쁘시도다."

사도 바울은 '하나님의 아들', '예수 그리스도', '우리 주' 를 다 동의어로 같이 사용한다. 예수님 당시의 사람들은 하나님의 아들이라는 말을 임금이라는 말과 같게 여긴다는 것을 요한복음 1장에서도 잘 설명하고 있다. 요한복음 1장에 보면 예수님께서 나다나엘에게 간사함이 없는 자라고 말씀하시고 그를 부르기 전에 그가 무화과나무 아래에 있는 것을 보았다고 하시자 나다나엘은 깜짝 놀라며 이렇게 고백한다.

"나다나엘이 대답하되 랍비여 당신은 하나님의 아들이시오 당신은 이스라엘의 임금이로소이다"(요 1:49).

나다나엘의 이런 고백은 예수님 당시 유대인들은 '하나님의 아들' 이라는 말을 '이스라엘의 임금' 이라는 말과 같게 여겼음을 보여 주는 것이다. 임금은 곧 주인이라는 뜻이다.

'하나님의 아들' 이 '왕 중의 왕' 이라는 사상은 세상에도 오래전부터 있었다. 구약성경에 나오는 애굽에서는 왕의 이름을 꼭 바로(파라오)라고 불렀다. 요셉 시대의 애굽 왕도 바로였고 모세 시대의 애굽 왕도 바로였다. 요셉 시대와 모세 시대는 400년 이상의 차이가 있다. 요셉 시대의 바로와 모세 시대의 바로는 동일 인물이 아니라 완전히 서로 다른 사람임이 분명하다. '바로' 라는 이름의 뜻은 '신의 아들' 이라는 의미이다. 애굽의 왕은 그냥 평범한 왕이 아니라 왕 중의 왕이라는 뜻으로 신의 아들, 파라오라는 말을 사용하였다.

중국의 왕도 자신을 '천자'라고 불렀다. 중국의 왕은 주변 나라의 왕과는 다른 왕 중의 왕임을 드러내기 위해 천자(신의 아들)라는 호칭을 사용하였다. 로마의 왕도 자신을 디비 필리우스라고 불렀다. 디비 필리우스는 신의 아들이라는 말로 자신이 왕 중의 왕임을 드러낸 것이다.

그러나 애굽이나 중국이나 로마에서 사용하는 신의 아들이라는 이름은 다 거짓이며 가짜이다. 진짜 신의 아들은 예수님 한 분밖에 없다. 예수님이 하나님의 아들이라는 것은 '만왕의 왕'이시며 '만주의 주'시라는 것이다. 우리는 여기서 아주 중요한 것을 보아야 한다.

$\boxed{하나님의 아들}$ = $\boxed{주인}$ 이라는 것이다.

신약성경을 볼 때 '하나님의 아들'이라는 단어가 나오면 반드시 이 공식이 머리에 들어 있어야 더 좋고 명쾌한 해석을 할 수 있다. 누가복음과 마가복음이 말하는 복음은 다 똑같은 것이다. 누가복음에서는 복음은 예수가 '그리스도'와 '주인'인 것이다. 마가복음에서는 복음은 예수가 '그리스도'와 '하나님의 아들, 즉 주인'인 것이다.

마가복음은 두 가지 구조로 되어 있다. 마가복음 1장~10장까지는 예수가 하나님의 아들인 것을 말하고 있고 마가복음 11장~16장은 예수님의 공생애 마지막 일주일을 기록하면서 십자가에 죽으시고 부활하신 그리스도임을 말한다.

마태복음에서 말하는 복음은?

마태복음이 말하는 복음을 살펴보자. 복음은 한마디로 하나님의 아들 예수님이다.

"이 복음은 하나님이 선지자들을 통하여 그의 아들에 관하여 성경에 미리 약속하신 것이라"(롬 1:2).

로마서 1장에서 사도 바울은 하나님의 아들이신 예수가 복음이라고 말한다. 마태복음은 유대인을 위해 기록한 복음서이다. 유대인은 오랫동안 메시아이신 왕을 기다렸다. 마태복음 1장에서는 왕족인 다윗의 자손으로 오시는 예수님을 말한다.

"아브라함과 다윗의 자손 예수 그리스도의 계보라"(마 1:1).

마태복음 2장에서는 동방박사들이 헤롯 궁전에 찾아와서 유대인의 왕으로 나신 이가 어디 있는지 찾았다.

"유대인의 왕으로 나신 이가 어디 계시냐. 우리가 동방에서 그의 별을 보고 그에게 경배하러 왔노라 하니"(마 2:2).

마태는 미가서 예언을 기록하면서 그 아기 예수가 이스라엘을 다스릴 자라고 말한다.

"또 유대 땅 베들레헴아. 너는 유대 고을 중에서 가장 작지 아니하도다. 네게서 한 다스리는 자가 나와서 내 백성 이스라엘의 목자가 되리라 하였음이니이다"(마 2:6).

마태는 예수가 누구인지 마태복음 1장부터 소개한다. 그가 소개하는 예수는 하나님의 아들로 오신 왕이시다. 마태복음 3장에서는 예수님이 세례 요한에게 세례를 받으실 때 하늘로부터 하나님의 아들이라는 음성을 듣게 된 것을 소개한다.

"하늘로부터 소리가 있어 말씀하시되 이는 내 사랑하는 아들이요 내 기뻐하는 자라 하시니라"(마 3:17).

마태는 마태복음 16장에서 복음을 정확하게 소개한다. 예수님께서 공생애 3년을 거의 다 마칠 즈음에 빌립보 가이사랴 지방에와서 제자들에게 아주 중요한 질문을 하셨다. 이 질문 후에 예수님의 십자가 죽음과 부활에 대해 예언하셨다. 그러니까 예수님이 죽음을 앞두고 중요한 질문을 하시는 것이다. 예수님은 제자들에게 물으셨다.

"이르시되 너희는 나를 누구라 하느냐"(마 16:15).

다시 말하면 복음이 무엇인지 묻고 계시는 것이다. 베드로는 아주 정확하게 복음을 말하였다.

"시몬 베드로가 대답하여 이르되 주는 그리스도시요. 살아계신 하나님의 아들이시니이다"(마 16:16).

여기에 '주'는 헬라어로 '쉬' 인데 이것은 그냥 2인칭 단수인칭 대명사로 당신이다. 그냥 호칭이다. 마태복음 16장 16절을 정확하게 번역한다면 "당신은 그리스도시요. 살아계신 하나님의 아들이시니이다" 이다. 예수님은 베드로의 답변에 너무 좋아하시면서 이것을 알게 하신 것은 베드로의 지식이나 지혜가 아니라 하나님께서 알게 하신 것이라고 하시며 칭찬하셨다.

"예수께서 대답하여 이르시되 바요나 시몬아 네가 복이 있도다. 이를 네게 알게 한 이는 혈육이 아니요 하늘에 계신 내 아버지시니라"(마 16:17).

그만큼 이 고백은 위대한 것이다. 모든 성도는 베드로가 말한 이런 분명한 복음을 알아야 한다. 예수님은 이 베드로의 고백 위에 교회를 세우겠다고 말씀하셨다.

"또 내가 네게 이르노니 너는 베드로라. 내가 이 반석 위에 내 교회를 세우리니 음부의 권세가 이기지 못하리라"(마 16:18).

예수님은 모든 교인의 고백, 예수가 그리스도인 것과 하나님의 아들이시라는 고백 위에 참된 교회를 세우신다. 참 교회가 되려면 모든 교인이 예수가 그리스도인 것을 믿고 예수님을 지금 살아계신 하나님의 아들(주인)로 모셔야 한다.

베드로는 훗날 예수님이 십자가에 죽으시고 부활하신 후, 오순절 날 마가의 다락방에서 성령이 임하여 첫 설교를 하게 된다. 베드로의 첫 설교는 그가 가이사랴에서 했던 고백과 같은 메시지를 전한다.

"그런즉 이스라엘 온 집은 확실히 알지니 너희가 십자가에 못 박은 이 예수를 하나님이 주와 그리스도가 되게 하셨느니라 하니라"(행 2:36).

마태복음은 두 가지 구조로 되어 있다. 마태복음 1장~25장까지는 예수님이 왕으로서 하신 일들을 기록하고 마태복음 26장~28장까지는 예수님 공생애 마지막 일주일을 기록하며 예수님이 그리스도이심을 말한다.

지금까지 우리는 마태복음, 마가복음, 누가복음이 다 똑같이 복음이란 예수님이 그리스도이시며 하나님의 아들(주인)이심을 믿는 것임을 보았다. 이제 마지막 복음서인 요한복음에서 말하는 복음을 살펴보자.

요한복음에서 말하는 복음은?

마태복음, 마가복음, 누가복음은 예수님이 십자가에 죽으시고 부활하신 후 30년 정도 지난 AD 60년경에 기록된 복음서이다. 그로부터 한 30년이 지난 AD 90년경에 사도 요한이 그의 인생 말년에 요한복음을 기록하였다. 요한은 자신이 요한복음을 기록한 목적을 아예 분명하게 말한다.

"오직 이것을 기록함은 너희로 예수께서 하나님의 아들 그리스도이심을 믿게 하려 함이요. 또 너희로 믿고 그 이름을 힘입어 생명을 얻게 하려 함이니라"(요 20:31).

요한은 특별히 예수님이 그리스도임은 물론이거니와 예수님이 하나님의 아들인 것을 믿게 하는 것을 염두에 두고 요한복음을 기록하였다. 요한은 다른 복음서와는 달리 예수님이 행하신 기적을 단순히 기적이라 말하지 않고 표적이라고 하였다. 기적은 인간이 할 수 없는 놀라운 초자연적인 일이 일어나는 것을 말하고, 표적은 그 놀라운 일을 행하시는 것을 보니 이분이 하나님의 아들이라는 '사인'이구나, 라고 말하는 것이다.

요한은 수많은 기적 중에서 7가지 기적만 뽑아서 예수님이 하나님의 아들이라는 것을 나타낸다.

- 가나 혼인 잔치에서 물이 변하여 포도주가 된 기적
- 죽어가는 왕의 신하 아들이 살아나는 기적
- 베데스다 연못의 38년 된 병자를 고치는 기적
- 오병이어로 오천 명을 먹이시는 기적
- 바다를 잠잠하게 하시는 기적
- 나면서 맹인 된 자의 눈을 뜨게 하는 기적
- 죽은 나사로가 살아나는 기적

이 모든 기적은 단순히 그냥 놀라운 기적으로 끝나는 것이 아니라 이분이 하나님의 아들이라는 사인(표적)이라는 것이다. 그러니까 요한복음은 통째로 예수님이 하나님의 아들인 것을 강조하는 복음서이다.

요한복음에서는 예수님이 자신을 표현하실 때 "나는… 이다"라는 선언을 7번 반복해서 말씀하신다.

"나는 세상의 빛이다"(요 8:12).

"나는 생명의 떡이다"(요 6:35).

"나는 양의 문이다"(요 10:7).

"나는 선한 목자다"(요 10:11).

"나는 부활이요 생명이다"(요 11:25).

"나는 길이요 진리요 생명이다"(요 14:6).

"나는 참 포도나무다"(요 15:1).

"나는… 이다"라는 선언은 하나님께서 모세에게 자신이 누구신지를 계시할 때 사용한 언어형식이다. "나는 스스로 있는 자이니라"(출 3:14). 여기에 "나는… 이다"라는 형식이 들어 있다. 이 말은 신만 사용하는 것이다. 그런데 예수님이 이 말을 거침없이 사용하셨다. 왜냐하면 자신이 하나님의 아들이시기 때문이다.

요한복음도 다른 복음서와 마찬가지로 두 가지 구조로 되어 있다. 요한복음 1장~12장까지는 예수님이 하나님의 아들이심을 드러내고 있고 요한복음 13장~21장까지는 예수님의 공생애 마지막 일주일 동안 행하신 십자가에 죽으심과 부활을 말하면서 예수님이 그리스도임을 말한다.

요한이 말하는 복음은 예수를 하나님의 아들, 즉 주인으로 모시고 그다음 예수가 그리스도임을 믿어야 영생이 있다고 말하는 것이다. 사복음서에서 말하는 복음은 다 똑같다. 모든 복음서가 다 똑같이 예수를 그리스도와 하나님 아들, 즉 주인으로 모시는 것이라고 말한다. 성경 어디에도 예수를 그리스도로만 믿어 구원을 얻는다고 말하지 않는다.

우리가 구원에 가장 많이 사용하는 성경 구절은 요한복음 3장 16절이다. 요한복음 3장은 니고데모가 예수님을 찾아와 어떻게 하여야 구원을 얻는지 묻는 아주 중요한 문제를 다룬다. 요한복음 3장 16절을 살펴보자.

"하나님이 세상을 이처럼 사랑하사 독생자를 주셨으니 이는 그를 믿는 자마다 멸망하지 않고 영생을 얻게 하려 하심이라."

그를 믿는 자는 영생을 얻는다고 말하는데 여기서 말하는 그가 누구인가? 바로 독생자, 즉 하나님의 아들을 말한다. 하나님 아들의 뜻은 무엇인가? 요한복음 3장 35절을 보자.

"아버지께서 아들을 사랑하사 만물을 다 그의 손에 주셨으니."

하나님은 하나님의 아들에게 만물을 다 그의 손에 주셨다. 이 말은 하나님의 아들이 온 세상의 주인이라는 뜻이다. 그다음 구절을 보면 예수님이 누구신지 더 분명해진다.

"아들을 믿는 자에게는 영생이 있고 아들에게 순종하지 아니하는 자는 영생을 보지 못하고 도리어 하나님의 진노가 그 위에 머물러 있느니라"(요 3:36).

하나님의 아들을 믿는 자에게는 영생이 있고 하나님의 아들에게 순종하지 않는 자에게는 영생이 없다고 말한다. 아니 하나님의 아들이 누구시기에 '그 아들에게 순종하지 않으면 영생이 없다'고 말하는가? 그 아들이 주인이시기 때문이다. 요한복음 3장 36절은 요한복음 3장의 결론이다. 우리는 요한복음 3장 16절만 읽기보다 요한복음 3장 35~36절을 꼭 읽어야 한다. 하나님의 아들은 주인을 말한다. 하나님의 아들에게 순종하지 않으면 영생이 없다는 말을 놓치면 안 된다.

우리는 오랫동안 그냥 예수를 믿기만 하면 영생을 얻는다고 말하였다. 그러나 그것은 요한복음 3장 16절을 너무 겉으로만 해석한 것이다. 그래서 요한복음 3장 16절은 반드시 3장 35~36절을 함께 읽어야 하고 그분에게 순종해야 영생을 얻는다는 말씀을 보아야 한다. 구원에 대한 또 아주 중요한 구절이 요한복음 5장 24절이다.

"내가 진실로 진실로 너희에게 이르노니 내 말을 듣고 또 나 보내신 이를 믿는 자는 영생을 얻었고 심판에 이르지 아니하나니 사망에서 생명으로 옮겼느니라"(요 5:24).

여기에 '내 말'은 예수님의 말이고 '나 보내신 이'는 하나님을 뜻한다. 예수님의 말을 듣는 자가 영생을 얻는다는 말 속에는 예수님이 주인이라는 말이 들어 있다. 예수님을 주인으로 모시고 예수님의 말을 듣는 자가 영생을 얻는다는 의미다.

한번 정리해 보자. 사복음서에서 말하는 복음은 예수다. 그 예수를 무엇으로 믿어야 하는가?

- 마태복음에서는 주(당신)는 그리스도시며
  하나님의 아들이라고 말한다(마 16:16).
- 마가복음에서는 복음의 시작은 예수가 그리스도,
  하나님의 아들인 것이라고 말한다(막 1:1).
- 누가복음에서는 큰 기쁨의 소식(복음)은 다윗의 동네에
  구주가 나셨으니 곧 그리스도, 주시니라고 말한다(눅 2:11).
- 요한복음에서는 예수가 하나님의 아들인 것과 그리스도임을
  믿어 영생을 얻는다고 말한다(요 20:21).

사복음서는 다 똑같이 복음이란 예수님이 그리스도이시며 하나

님의 아들(주인)임을 믿는 것이라고 말한다. 그 어떤 복음서도 복음이란 예수가 그리스도라고만 말하지 않는다. 그것은 반쪽 복음이다. 그런데 반쪽 복음이란 없다. 반쪽 복음은 진정한 구원을 주지 못한다. 다시 말하면 예수를 구원자이시며 동시에 주인으로 모셔야 영생이 있다는 뜻이다.

사도 요한은 요한복음에서 예수님이 하나님의 아들인 것과 그리스도이심을 믿어야 영생을 얻는다고 말하였고, 요한일서에서는 아예 하나님의 아들을 주인으로 모시지 않으면 영생이 없다고 대선언을 한다.

"또 증거는 이것이니 하나님이 우리에게 영생을 주신 것과 이 생명이 그의 아들 안에 있는 그것이니라. 아들이 있는 자에게는 생명이 있고 하나님의 아들이 없는 자에게는 생명이 없느니라" (요일 5:11-12).

사도 요한은 영생과 생명을 같이 사용하고 있다. 하나님 아들의 뜻은 주인이다. 아무리 예수를 오래 믿어도 하나님의 아들, 즉 주인으로 모시지 않는 자는 영생이 없다는 뜻이다. 그 이유는 하나님의 아들 예수 안에 영원히 사는 생명이 있기 때문이다.

요한복음과 요한일서에서 사용하는 '생명'이라는 단어는 헬라어로 '조에'이고 목숨은 '푸쉬케'이다. 우리에게는 영원히 사는 생명이 없다, 우리에게는 목숨이 있을 뿐이다. 그러므로 영원히 사는 생명을 가지려면 그 생명을 가지고 계신 예수님을 주인으로 모셔야 한다. 사복음서 뿐만 아니라 로마서도 똑같이 복음은 예수가 하나님의 아들(주인)인 것과 그리스도라고 말한다.

"이 복음은 하나님이 선지자들을 통하여 그의 아들에 관하여 성경에 미리 약속하신 것이라. 성결의 영으로는 죽은 자들 가운데서 부활하사 능력으로 하나님의 아들로 선포되셨으니 곧 우리 주 예수 그리스도시니라"(롬 1:2, 4).

성경 그 어디에도 예수를 그리스도로만 믿으면 구원을 얻는다고 말하고 있지 않다. 구원받으려면 반드시 예수를 그리스도와 주인으로 모셔야 함을 말한다. 혹자는 고린도전서 15장에서 설명하는 복음을 말하면서 예수님이 십자가에 죽으시고 부활하신 것만이 복음이라고 말한다.

"형제들아 내가 너희에게 전한 복음을 너희에게 알게 하노니 이는 너희가 받은 것이요… 이는 성경대로 그리스도께서 우리 죄를 위하여 죽으시고 장사 지낸 바 되셨다가 성경대로 사흘 만에 다시 살아나사"(고전 15:1-4).

바울은 고린도전서 15장에서 복음은 예수님이 우리 죄를 위해 죽으시고 부활하신 그리스도이심을 말하고 있다. 하지만 고린도 전서를 쓴 이후 얼마 있지 않아 다시 로마서를 쓰면서 바울은 예수님이 죽으시고 부활하신 것으로 하나님의 아들로 선포되었다고 말한다.

"성결의 영으로는 죽은 자들 가운데서 부활하사 능력으로 하나님의 아들로 선포되셨으니 곧 우리 주 예수 그리스도시니라"(롬 1:4).

바울은 예수님의 부활 자체가 하나님의 아들 되심을 선포한 것이라고 밝히고 있다. 그러니 복음은 예수님이 그리스도일 뿐 아니라 동시에 하나님의 아들이심이다. 그리고 바울은 고린도전서 15장에서 복음은 예수님이 우리 죄를 위해 십자가에 죽으심과 부활하신 것임을 말하고 우리도 예수님처럼 부활하게 될 것과 예수님이 왕 노릇 하실 것을 말한다.

"그가 모든 원수를 그 발 아래에 둘 때까지 반드시 왕 노릇 하시리니"(고전 15:25).

바울은 복음은 언제나 예수가 그리스도이심과 하나님의 아들

(왕, 주인)이심을 말하고 있다. 복음은 어렵고 복잡한 것이 아니다. 쉽고 간단한 것이다. 당신은 이제 복음을 한 문장으로 말할 수 있어야 한다.

> 복음은 예수에 대한 소식이다.
> 복음이란 그 예수를 그리스도로 믿고
> 주인으로 모시는 것이다.

초대교회 그리스도인들은 그들의 신앙고백을 물고기 표로 표현하였다. 물고기는 헬라어로 익투스이다.

'예수', '그리스도', '하나님의', '아들', '구세주'라는 헬라어의 앞글자만 따면 '익투스'가 된다. 초대교회 교인들은 아무도 예수를 그리스도로만 믿지 않았다. 그들은 모두 예수를 그리스도이시며 동시에 하나님의 아들, 즉 주인으로 모시고 살았다.

초대교회 신앙고백과 2천 년이 지난 오늘날 현대 그리스도인의 신앙고백이 다르다면 우리의 신앙고백은 변질된 것이며 오염된 것이다. 혹시라도 예수님을 그리스도로만 믿고 있다면 지금 예수를 주인으로 모시고 그분의 종으로 살기 바란다. 그러면 당신 삶에 놀라운 일이 일어날 것이다.

이민아 목사를 소개하고자 한다. 그분은 문화공보부 장관을 지낸 이어령 씨의 딸로 태어나 이화여대를 졸업하고 김한길 국회의원과 결혼하고 미국으로 가서 법대를 나와 LA에서 검사로 살았다. 그러나 그녀의 인생은 평탄치 않았다. 이혼, 첫아들의 사망, 그리고 암 투병 등 고난 속에서 그녀는 예수님을 믿게 되었다.

그녀는 10년 동안 신앙생활을 하였다. 제자반, 사역반, 큐티반, 성경 통독반, 수많은 성경 공부를 하였지만, 예수님을 진정한 주인으로는 모시지 않았다. "예수님은 내 주인이십니다"라고 고백만 하였지 자기가 주인인 인생을 살았다. 입으로만 고백한 종교생활이었다. 그렇게 살던 그녀가 2002년 6월 25일 로마서 10장 9~10절 말씀을 통해 항복 선언을 하였다.

"네가 만일 네 입으로 예수를 주로 시인하고 또 하나님께서 그를 죽은 자 가운데서 살리신 것을 네 마음에 믿으면 구원을 받으리라. 사람이 마음으로 믿어 의에 이르고 입으로 시인하여 구원에 이르느니라"(롬 10:9-10).

그녀는 진심으로 고백하였다.

"예수님이 나의 주인이십니다. 나를 다스려 주십시오."

예수님 앞에 항복선언을 하였다. 무조건 항복하였다. 그 순간 성령님이 찾아오셨다. 그때 그녀는 깨달았다. '나는 한 번도 예수님을 내 인생의 주인으로 모신 적이 없었구나.' 그날 그녀는 펑펑 울면서 주님께 전권을 이양했다.

"예수님 오늘부터 당신이 오셔서 나를 다스려 주십시오."

그날부터 그녀에게 놀라운 일이 일어났다. 그 후 그녀는 초인적인 삶을 살았다. 수많은 교회와 단체로부터 초청을 받았다. 그런데 2011년 8월에 위암으로 시한부 선고를 받았다. 그러나 그녀는 무거운 몸을 이끌고 계속 말씀을 전했다.

"하나님 나라 가는 그날까지 저로 인해 단 한 명이라도 더 구원 받았으면 좋겠습니다. 우리에게 무슨 일이 일어날지 모릅니다. 복음 전도를 미루지 마십시오."

그녀의 관심은 건강이 아니었다. 그녀의 관심은 자녀가 아니었다. 그녀의 관심은 영혼 구원이었다. 그녀는 그다음 해 3월에 53세의 나이로 후회 없는 인생을 살다가 천국에 갔다. 빨리 죽는 것이 불행이 아니다. 자기가 인생의 주인이 되어 자신만을 위해 살다가 단 한 명도 전도하지 못하고 죽는 것이 불행한 것이다.

당신은 정말 천국에 가길 원하는가? 그렇다면 복음이 말하는 예수를 그리스도로 믿고 주인으로 모시라. 무디는 이런 말을 했다.
"모든 사람은 죽은 후에 천국을 누리고 싶어 하지만 살아 있는 동
안에 천국을 향해 살아가고 싶어 하지는 않는다."

예수를 그리스도로만 믿는 사람은
교회에 다니는 종교인일 뿐이다.
예수를 그리스도로만 믿는 것과
주인으로 모시는 것은 차원이 다른 삶이다.
당신이 왕이신 예수를 주인으로 모시고 산다면
당신의 미래에는 왕의 대로가 펼쳐질 것이다.

또 증거는 이것이니
하나님이 우리에게 영생을 주신 것과
이 생명이 그의 아들 안에 있는 그것이니라.
아들이 있는 자에게는 생명이 있고
하나님의 아들이 없는 자에게는 생명이 없느니라
- 요일 5:11-12 -

복음이란 무엇인가?

1, 복음이란 무엇인가?

2. 누가복음에서 복음은 무엇인가?

3. 마가복음에서 복음을 무엇인가?

4. 마태복음에서 복음은 무엇인가?

5. 요한복음에서 복음은 무엇인가?

6. 아래 도식을 채우라.

   (하나님의 아들)　　=　　(　　　　)

7. 복음을 한 문장으로 말해보라.

   복음은 예수를 (　　　　) 믿고 (　　　　)으로 모시는 것이다.

구원은 예수를 그리스도로 믿고 주인으로 모시는 것

＊　＊　＊　＊　＊

"죄의 삯은 사망이요. 하나님의 은사는 그리스도 예수 우리 주
안에 있는 영생이니라"(롬 6:23).

구원은 예수를 그리스도와 주로 믿는 것이다. 먼저 예수를 그리
스도로 믿는 것을 살펴보자. 예수님은 내 죄를 위해 십자가에 죽으
신 그리스도이시다. 인간 최고의 문제는 죄에 대한 것이다. 죄는
하나님과 사람 사이의 관계를 다 끊어지게 했다. 그래서 사람은 영
원한 열등감, 영원한 애정 결핍, 영원한 자원 부족, 영원한 외로움
에 빠지게 되었다. 또 죄는 사람과 사람 사이의 관계를 끊어지게
했다. 그래서 서로 불신과 미움과 상처를 주게 되었다. 여기서 우
리는 죄가 무엇인지 살펴보고자 한다.

죄는 무엇인가?

사람마다 죄에 대한 기준은 다 다르다. 한국 사람이 생각하는 죄와 미국 사람이 생각하는 죄가 다를 수 있다. 각 나라의 환경, 문화에 따라 죄의 기준이 다를 수 있기 때문이다. 그래서 성경이 말하는 죄가 무엇인지 알아야 한다. 성경은 죄에 대한 분명한 기준을 말하고 있다.

▶ 창세기에서 말하는 죄

인류 최초의 죄는 에덴동산에서 시작되었다. 하나님은 아름다운 지구를 만드시고 사람에게 온갖 먹을 것을 풍성하게 주시고 다 먹게 하셨다. 그러면서 선악과만 먹지 못하도록 명령하시고 그것을 먹는 날에는 죽을 것이라고 말씀하셨다.

"선악을 알게 하는 나무의 열매는 먹지 말라. 네가 먹는 날에는 반드시 죽으리라 하시니라"(창 2:17).

하나님께서 아담에게 이런 명령을 하심은 아담에게 하나님을 주인으로 모시고 살고 있는지 묻는 것이다. 만약 아담이 이 약속을 잘 지키면 하나님과 더 깊은 친밀감을 유지하게 되고 영원한 생명

나무를 먹으며 영원히 살았을 것이다. 그런데 불행하게도 아담은 이 약속을 어겼다. 어느 날 사탄이 하와에게 찾아와 이 선악과를 먹으면 하나님처럼 된다고 유혹하였다.

"너희가 그것을 먹는 날에는 너희 눈이 밝아져 하나님과 같이 되어"(창 3:5).

하와는 자신이 하나님과 같이 된다는 말에 유혹이 되어 선악과를 먹고 난 뒤 아담도 먹게 하였다. 이것이 인류 최초의 죄다.

죄는 피조물인 인간이 창조주이신 하나님의 말씀을 거역하고 자신이 창조주인 양 자기 마음대로 행동하는 것이다. 즉 '내가 내 인생의 주인이 되어 내 마음대로 사는 것'이 죄다. 사람은 창조주 하나님께서 만드신 피조물로서 하나님과 분리될 수 없는 존재인데 선악과를 먹는 순간 하나님과 분리되는 영적인 죽음이 온 것이다. 그 결과로 영원한 외로움, 영원한 열등감, 영원한 두려움, 영원한 자원 고갈, 영원한 애정 결핍이 생겼다.

인간이 하나님과 분리되자 인간 존재의 본질적인 문제를 가지게 되었다. 아담이 하나님과 분리되고 하나님을 떠나는 죄를 범하자 아담의 후손 모두 하나님과 분리되고 하나님으로부터 독립하는 죄를 물려받게 되었다.

"그러므로 한 사람으로 말미암아 죄가 세상에 들어오고 죄로 말미암아 사망이 들어왔나니 이와 같이 모든 사람이 죄를 지었으므로 사망이 모든 사람에게 이르렀느니라"(롬 5:12).

죄는 한 사람 아담한테서 온 세상에 들어왔다. 그리고 아담의 피를 물려받은 인류는 모두 사망에 이르게 되었다. 당신이 아무리 교회를 오래 다녔다 해도 하나님으로부터 독립하여 자기가 주인이 되어 자기 마음대로 산다면 그 죗값으로 하나님과 분리되고 몸은 병들어 죽게 되고 결국 영원한 지옥 불에 들어가게 된다.

▶ 예수님이 말씀하시는 죄

예수님은 죄에 대해 아주 쉬운 예를 들어 말씀하셨다. 누가복음 15장에 보면 탕자의 비유가 나온다. 탕자는 아버지를 떠나 아버지의 것을 가지고 자신이 주인이 되어 자기 마음대로 살았다. 그는 아버지로부터 받은 재산을 다 탕진하고 결국 돼지우리에 들어가는 비참한 삶을 살았다. 탕자는 아버지가 버젓이 살아 있는데 자기 분깃을 달라고 하였다. 아버지가 살아 있는데 유산을 달라는 것은 당시 유대 사회에서는 최고의 불효였다. 그 아들의 마음에는 이미 아버지가 죽었다는 것이기 때문이다. 탕자의 마음에 아버지가 죽었다. 그는 아버지가 물려준 유산을 가지고 아버지를 떠나 멀리 갔다. 아버지의 것을 자기 것인 양 여기고 그 재산으로 이제 아버지로부터 독립하여 행복하게 살 수 있다고 생각하였다.

탕자의 죄는 아버지를 떠나 자기가 주인이 되는 순간부터 시작되었다. 그러나 그는 아버지를 떠나는 것이 죄가 되는 줄 몰랐다. 아버지를 떠난 탕자는 곧 자신이 가지고 있던 모든 자원이 고갈되어 심각한 결핍에 빠졌고 결국 더럽고 냄새나는 돼지우리에 들어가게 되었다. 그리고 그제야 자신이 죄인인 것을 깨달았다.

"내가 일어나 아버지께 가서 이르기를 아버지 내가 하늘과 아버지께 죄를 지었사오니"(눅 15:18).

탕자가 죄인이 된 것은 그가 아버지를 떠나 아버지의 것을 가지고 자기 것인 양 마음대로 살았기 때문이다. 그가 세상에 나가 성공했다 해도 그는 죄인이며 탕자이다. 왜냐하면 아버지의 것을 자기 것처럼 여기고 자기 마음대로 살았기 때문이다. 아버지를 떠나 자기가 주인이 되어 살면 결국 망하게 된다. 자기가 주인이 되면 성공하거나 실패하거나 결국 도착 지점은 냄새나는 돼지우리다. 하나님을 떠나 자기 힘으로만 성공한 사람들 곁에 가면 교만의 악취가 나고 실패한 사람 곁에 가면 절망의 악취가 난다.

죄는 주인 되시는 아버지를 떠나 내 마음대로 사는 것이다. 죄는 내가 주인이 되어 사는 것이다. 이 세상의 모든 것이 다 하나님께서 주신 것인데 자기 것인 양하고 사는 그 자체가 큰 죄다. 목숨도 우리 것이 아니다. 호흡도 우리 것이 아니다.

"우리가 그를 힘입어 살며 기동하며 존재하느니라"(행 17:28).

우리가 살아 숨 쉬는 것, 지금 몸을 움직이는 것 그 자체가 다 하나님의 힘으로 가능한 것인데 마치 인생이 자기 것인 줄 알고 자기 마음대로 사는 것이 죄다.

▶ 로마서가 말하는 죄

사도 바울은 로마서 1장에서 죄에 대해 잘 말하고 있다. 죄는 하나님을 마음에 두기 싫어하는 것에서 시작된다고 바울은 말한다.

"또한 그들이 마음에 하나님 두기를 싫어하매 하나님께서 그들을 그 상실한 마음대로 내버려 두사 합당하지 못한 일을 하게 하셨으니"(롬 1:28).

마음에 하나님이 없는 것 그것이 죄의 뿌리다. 바울은 그다음 죄의 열매를 열거한다.

"곧 모든 불의, 추악, 탐욕, 악의가 가득한 자요. 시기, 살인, 분쟁, 사기, 악독이 가득한 자요. 수군수군하는 자요. 비방하는 자요. 하나님께서 미워하시는 자요. 능욕하는 자요. 교만한 자요. 자랑하는 자요. 악을 도모하는 자요. 부모를 거역하는 자요. 우매한 자요. 배약하는 자요. 무정한 자요. 무자비한 자라. 그들이 이 같은 일을 행하는 자는 사형에 해당한다고 하나님께서 정하심을 알고도 자기들만 행할 뿐 아니라 또한 그런 일을 행하는 자들을 옳다 하느니라"(롬 1:29-32).

29절에서 32절까지 나열되는 죄의 목록은 다 죄의 열매들이다. 죄의 열매는 환경에 따라 생겼다 없어졌다 하는 것이다. 정말 중요한 것은 죄의 열매가 아니라 죄의 뿌리다. 죄의 뿌리는 하나님으로부터 독립한 '나'이다.

(죄) = (나) 라는 등식을 이해해야 한다.

창세기에서 말하는 죄나, 예수님께서 말씀하시는 죄나, 사도 바울이 말하는 죄가 다 똑같이 하나님으로부터 독립하여 자기가 주인 되어 사는 것을 말한다.

"죄의 삯은 사망이다"(롬 6:23).

자기가 인생의 주인이 되어 살면 결국 사망이 온다. 자기가 주인이 되어 사는 게 죄라는 것을 아는 자는 큰 복을 받은 자이다. 하나님의 도움 없이 단 한순간도 살 수 없다는 것을 아는 게 큰 축복이다. 당신이 아무리 교회를 오래 다니고 교회에서 직분자로 섬긴다고 하여도 당신이 주인이 되어 산다면 죄지을 확률은 100%이다.

자기가 주인 되어 사는 것 자체가 죄다. 자기가 죄인이라는 것을 아는 것이 인간 회복의 시작이다. 당신 영혼 깊은 곳에서부터 처절한 고백이 있어야 한다.

"내가 죄인입니다."
"내가 죄의 뿌리입니다."
"내가 절망입니다."
"나는 사형수입니다."

내가 나를 정직하게 바라보면 절망이 오고 죽음이 온다. 자기가 주인 된 삶의 결론은 사망이다.

예수를 그리스도(구원자)로 믿으라

인간의 모든 문제는 자기가 주인이 되어 사는 죄 때

문이다. 왜 잘 사는 나라일수록 자살률이 높은가? 죄 때문이다. 왜 큰 권력을 가지고도 늘 비리가 가득한가? 죄 때문이다. 왜 우리나라가 이렇게 잘살게 되었는데도 폭력과 간음과 거짓과 분노가 많아졌는가? 죄 때문이다. 왜 가족 간의 갈등이 많아지고 있는가? 죄 때문이다. 인간의 모든 문제의 뿌리는 죄 문제다. 죄의 결론은 사망이다. 자기가 주인이 되어 사는 사람은 사망이 왕 노릇하는 삶을 산다. 그래서 우울하고 불안하고 두려운 것이다.

성경은 모든 사람이 죄인이라고 선언한다.

"모든 사람이 죄를 범하였으매 하나님의 영광에 이르지 못하더니"(롬 3:23).

하나님을 떠난 사람은 모두 죄의 노예가 되었다. "모든 사람이 죄를 범하였으매"라는 말의 '모든' 안에는 우리가 포함되어 있다. 단 한 명도 예외가 없다. 모든 사람이 다 죄인이다. 자기가 주인이 되어 사는 죄는 교육으로, 돈으로, 성공으로 해결되지 않는다. 죄는 시간이 간다고 해결되지 않는다. 잊어버린다고 해결되는 것도 아니다. 죄짓지 않겠다고 결단한다고 해결되는 것도 아니다. 죄 문제를 해결하려면 죄에 대한 대가를 지급하고 죽어야만 한다.

"피 흘림이 없은즉 사함이 없느니라"(히 9:22).

구약시대에 죄지은 사람은 흠 없고 점이 없는 어린 양을 대신 죽여 피를 제단에 뿌림으로 그 죄를 용서받았다. 구약의 어린양은 예수님에 대한 그림자다. 예수님은 우리 죄를 대신하여 죽기 위해 이 땅에 오셨다.

"인자가 온 것은… 자기 목숨을 많은 사람의 대속물로 주려 함이니라"(마 20:28).

예수라는 이름은 자기 백성을 죄에서 구원할 자라는 뜻이 있다.

"아들을 낳으리니 이름을 예수라 하라. 이는 그가 자기 백성을 그들의 죄에서 구원할 자이심이라 하니라"(마 1:21).

예수님이 태어나시기 700년 전에 이사야 선지자는 예수님이 우리의 모든 죄를 짊어지실 분으로 예언하였다.

"우리는 다 양 같아서 그릇 행하여 각기 제 길로 갔거늘 여호와께서는 우리 모두의 죄악을 그에게 담당시키셨도다"(사 53:6).

예수님은 좋은 설교를 하려고 이 땅에 오신 분이 아니다. 예수님은 병든 자를 고치거나 기적을 행하기 위해 오신 분이 아니다.

예수님이 이 땅에 오신 가장 중요한 이유는 바로 우리 죄를 해결하기 위함이다. 그래서 세례 요한은 예수님을 보자마자 '세상 죄 지고 가는 어린 양'이라고 말하였다.

> "요한이 예수께서 자기에게 나아오심을 보고 이르되 보라. 세상 죄를 지고 가는 하나님의 어린 양이로다"(요 1:29).

예수님은 우리의 죄 문제를 해결하시기 위해 십자가에 못 박혀 죽으셨다. 사람이 평생 지은 죄가 얼마나 많은지 그 죄를 다 셀 수도 없을 것이다. 그 죄를 다 없애려면 누군가 대신 죽어주어야 한다. 그런데 대신 죽어주는 사람은 자신의 죄가 전혀 없어야 한다. 그런데 이 세상에는 죄 없는 사람은 없다. 그래서 아무런 죄도 없으신 하나님의 아들 예수님이 우리 죄를 대신하여 죽으셔서 피를 흘려야만 죄가 없어진다.

나는 중학생 때 2천 년 전에 예수님이 십자가에서 죽으셨는데 왜 2천 년이나 지난 지금의 나를 위해 죽으셨다고 하는지 이해되지 않았다. 예수님의 피가 사람의 피가 아니라 하나님의 피라는 것을 알고 깨닫게 되었다.

> "하나님이 자기 피로 사신 교회를 보살피게 하셨느니라"
> (행 20:28).

교회는 예수님의 피, 하나님의 피 값을 주고 세운 것이라고 성경은 기록한다. 예수님의 피는 사람의 피가 아니다. 예수님의 피는 신이신 하나님의 피다. 신의 특징은 시간과 공간을 초월하는 것이다. 즉 하나님의 피는 시간과 공간을 초월하여 모든 사람의 죄를 없애주는 능력이 있다. 예수님의 피는 신이신 하나님의 피이기에 2천 년이 지난다 해도 아무런 시간적 영향을 받지 않고 모든 사람의 죄를 없애는 능력이 있다.

당신 아들을 돼지 몇 마리와 바꿀 수 있는가? 말이 안 되는 질문이다. 더러운 돼지 수천만 마리를 주어도 당신 아들과는 바꾸지 않을 것이다. 죄 없으신 예수님 한 분과 죄인인 사람 몇 명과 바꿀 수 있겠는가? 온 인류를 다 주어도 예수님과 바꿀 수 없다. 왜냐하면 예수님은 온 우주를 만드신 하나님이시기 때문이다. 그러면 예수님 한 분의 죽음으로 온 인류의 죗값을 다 갚을 수 있는가? 물론이다.

죄짓는 자는 하나님과 원수가 되고 하나님의 진노 아래 있게 된다. 그러나 예수님이 십자가 위에서 우리의 죗값을 치르심으로 하나님과 화목하게 되었다.

"곧 우리가 원수 되었을 때에 그의 아들의 죽으심으로 말미암아 하나님과 화목하게 되었은즉 화목하게 된 자로서는 더욱 그의 살아나심으로 말미암아 구원을 받을 것이니라"(롬 5:10).

우리가 죄를 지어 하나님과 분리되는, 영원히 하나님의 진노를 받아야 하는 죄인이 되었는데 예수님이 우리 죄를 대신해서 십자가에서 죽어 피를 흘리심으로 죗값을 치르셨다. 이 예수를 우리 마음에 영접하면 하나님과 분리된 자에서 하나님의 자녀로 바뀌게 된다. 예수를 믿기 전에는 하나님 앞에 나아갈 수 없는 원수였는데 이제는 예수의 피로 담대히 하나님 앞에 나아갈 수 있는 자가 되었다.

"그러므로 형제들아 우리가 예수의 피를 힘입어 성소에 들어갈 담력을 얻었나니 그 길은 우리를 위하여 휘장 가운데로 열어 놓으신 새로운 살길이요. 휘장은 곧 그의 육체니라"(히 10:19-20).

예수님께서 우리 죄를 위해 십자가에서 죽으신 그리스도(메시아, 구세주)임을 믿으라. 예수님의 피가 우리 모든 죄를 깨끗게 하심을 믿으라.

"그 아들 예수의 피가 우리를 모든 죄에서 깨끗하게 하실 것이요"(요일 1:7).

유대 종교 지도자들은 왜 예수님을 나무 십자가에 못 박아 죽게하였는가? 예수님 당시에는 중죄인을 나무 십자가에 못 박아 죽였다. 로마 시민권을 가진 자는 아무리 큰 죄를 지어도 십자가에 못 박아 죽이지 못하도록 로마법으로 정해 두었다. 그런데 왜 유대 종교 지도자들은 예수님을 나무 십자가에 못 박아 죽게 하였는가?

유대 종교 지도자들은 예수의 치솟는 인기를 막는 방법으로 예수를 나무 십자가에 못 박아 죽이는 것을 선택하였다. 왜냐하면 나무에 달려 죽는 자는 하나님의 저주를 받은 자가 되기 때문이다.

"나무에 달린 자는 하나님께 저주를 받았음이니라"(신 21:23).

유대인은 모세 오경을 다 암송하기에 나무에 달려 죽는 자는 하나님의 저주를 받은 것으로 알고 있었다. 유대 종교 지도자들은 예수님을 나무 십자가에 매달아 죽이면 하나님의 저주를 받은 자가 되기에 예수를 믿는 자가 없어질 것을 예상하였다. 그런데 예수님이 나무 십자가에 매달린 것은 정말 인류의 모든 저주를 짊어지고 죽은 것이 되었다.

"그리스도께서 우리를 위하여 저주를 받은 바 되사 율법의 저주에서 우리를 속량하셨으니 기록된 바 나무에 달린 자마다 저주 아래에 있는 자라 하였음이라"(갈 3:13).

예수님은 나무 십자가에 매달려 죽으심으로 인류의 모든 저주를 다 짊어지고 죽으신 것이다.

한 영화가 기억난다. 한 사람이 다리에 피를 흘리며 산속으로 도망가는데 적군이 사냥개를 몰고 그 피 냄새를 맡으며 추격한다. 사냥개들이 피 냄새를 맡고 점점 그에게 가까이 온다. 지칠 대로 지친 그는 기진맥진하다 강을 발견하였다. 그가 강에 몸을 담그자 그 집요하게 따라오던 사냥개의 추적이 멈췄다. 사냥개들이 피 냄새를 잃어버린 것이다. 내 죄 문제를 집요하게 고소하는 사냥개와 같은 사탄의 소리를 예수님의 십자가가 잠재운다. 십자가는 죄 문제를 해결해 주는 강이다. 그 십자가의 강에 잠기기만 하면 누구든지 어떤 죄를 지은 자라도 용서함을 받는다.

그리스도인 예수를
주인으로 모시라

당신의 죄 문제를 해결하기 위해 예수님을 그리스도(메시아)로 믿었는가? 그렇다면 동시에 그 예수님을 주인으로 모시고 살아야 한다.

바울은 로마서에서 이신칭의를 말하였다. 이 말은 믿음으로 의롭다 함을 받는다는 말씀이다. 로마서 1장은 이방인의 죄를 말하고, 로마서 2장은 유대인의 죄를 말하며, 로마서 3장은 이방인이나 유대인이나 모든 사람이 죄인이라고 말한다. 아담의 후손으로 태어난 우리에게는 의로움이 없다고 선언한다. 그런 우리에게 한 의가 나타났으니 그것은 예수를 믿음으로 생기는 의라고 소개한다.

> "이제는 율법 외에 하나님의 한 의가 나타났으니 율법과 선지자들에게 증거를 받은 것이라. 곧 예수 그리스도를 믿음으로 말미암아 모든 믿는 자에게 미치는 하나님의 의니 차별이 없느니라"(롬 3:21-22).

로마서 5장에서는 예수를 믿음으로 의롭게 된 우리가 예수님을 주인으로 모시고 살아야 함을 거듭 말한다.

> "그러므로 우리가 믿음으로 의롭다 하심을 받았으니 우리 주(인) 예수 그리스도로 말미암아 하나님과 화평을 누리자"(롬 5:1).
> "그뿐 아니라 이제 우리로 화목하게 하신 우리 주(인) 예수 그리스도로 말미암아 하나님 안에서 또한 즐거워하느니라"(롬 5:11).
> "이는 죄가 사망 안에서 왕 노릇 한 것 같이 은혜도 또한 의로 말미암아 왕 노릇 하여 우리 주(인) 예수 그리스도로 말미암아 영생에 이르게 하려 함이라"(롬 5:21).

우리가 흔히 믿음으로 의롭다 함을 받는다는 바울의 이신칭의를 말할 때 놓치는 것이 하나 있는데, 그것은 예수님이 우리 주인이 되셔야 한다는 것이다. 바울은 로마서 6장 6절에서 아주 분명하게 예수님이 주인 되어야 구원이 있다고 말한다.

> "죄의 삯은 사망이요, 하나님의 은사는 그리스도(메시아) 예수 우리 주(인) 안에 있는 영생이니라"(롬 6:23).
>
> 성경은 예수를 그리스도(메시아)로 믿음과 동시에 예수님이 주인이 되어야 온전한 영생이 있다고 말씀한다.

예수가 내 죄를 위해 죽으셨다고 믿는 것은 지적인 동의다. 그 지적인 동의는 구원의 시작일 뿐이다. 그 지적인 동의가 나를 천국 가게 해주지는 않는다. 우리는 나폴레옹이 있었던 것을 믿는다. 우리는 이순신이 있었던 것을 믿는다. 마찬가지로 예수님이 2천 년 전에 계셨던 것을 믿는다. 이것을 지적인 동의라고 말한다. 죽은 나사로가 살아난 것을 믿는다. 예수님도 죽었다가 살아난 것을 믿는다. 이것도 역시 지적인 동의일 뿐이다. 이 지적인 동의가 우리를 천국 가게 하지 않는다. 예수님이 내 죄를 위해 죽으신 것을 믿는 것 역시 지적인 동의일 뿐이다.

예수를 죄 문제 해결해 주시는 그리스도(메시아)로 믿어도 자기가 주인이 되어 살면 여전히 죄지을 수밖에 없다. 그러면 죄 문제는 해결된 것이 아니다. 예수님을 한 번 그리스도(메시아)로 믿는 것으로 끝내면 안 된다. 예수를 메시아로 믿음과 동시에 예수가 '나의 주인'이 되셔야 한다.

예수님은 우리의 죄를 한 번만 해결하시는 그리스도(메시아)로 오신 분이 아니다. 우리 인생은 계속 수많은 죄를 짓게 된다. 어떻게 하면 계속 죄짓지 않을 수 있는가? 날마다 예수님을 주인으로 모시고 살면 된다. 날마다 예수님을 주인으로 모시고 살라. 그러면 모든 죄를 이길 것이다. 예수님은 한 번 우리를 죄를 해결해 주시는 그리스도(메시아)로 오셨을 뿐만 아니라 죄를 계속 이기게 해 주시는 우리의 주인이 되기 위해 오셨다.

"이를 위하여 그리스도께서 죽었다가 다시 살아나셨으니 곧 죽은 자와 산 자의 주가 되려 하심이라"(롬 14:9).

이 말씀은 우리가 꼭 암송해야 할 성경 구절이다. 우리는 마치 죄의 물에 빠져 죽을 수밖에 없는 자와 같다. 우리 힘으로는 절대로 이 죄의 물에서 빠져나올 수 없다. 선행이나 고행이나 종교, 그 무엇으로도 죄의 물에서 빠져나올 수 없다. 하나님께서 이 죄의 물에서 빠져나오도록 예수님을 보내주셨다. 예수님은 죄에 빠져 허덕이는 우리를 건져주시고 떠나가 버린 분이 아니라 우리 마음에 주인으로 들어오셨다. 예수님을 그리스도(메시아)로 믿고 죄 사함을 받았는데 또다시 죄를 범하고 기죽은 그리스도인으로 살지 말고 날마다 예수님을 주인으로 모시고 기쁨 충만한 삶을 살길 바란다.

> 당신이 예수님을 구원자로 믿었다면
> 동시에 당신이 주인 된 삶을 버리고
> 예수님을 당신의 주인으로 모시라.
> 그것이 모든 죄를 해결하는 방법이다.

죄를 없애는 방법은 죄의 근원인 나를 빼내고 우리가 지은 죄의 대가를 십자가에서 대신 지불하신 그리스도(메시아)로 믿고 이제 죄와 상관없이 사시는 예수님을 주인으로 모시면 된다.

날마다 구원을 이루는 방법은 날마다 예수님을 주인으로 모시고 살 때 일어난다. 예수를 구원자로 믿는 것과 동시에 날마다 예수를 주인으로 모시고 살아서 두렵고 떨림으로 온전한 구원을 이루어야 한다.

> "그러므로 나의 사랑하는 자들아. 너희가 나 있을 때뿐 아니라 더욱 지금 나 없을 때에도 항상 복종하여 두렵고 떨림으로 너희 구원을 이루라"(빌 2:12).

예수를 믿는 순간 구원받았지만 두렵고 떨림으로 구원을 이루어가야 한다. 바울은 믿음으로 의인 된 우리에게 점점 구원이 가까이 오고 있다고 말한다.

> "또한 너희가 이 시기를 알거니와 자다가 깰 때가 벌써 되었으니 이는 이제 우리의 구원이 처음 믿을 때보다 가까웠음이라"(롬 13:11).

여기에 처음 예수를 믿을 때보다 점점 더 구원이 가까이 오고 있다는 표현은 예수를 믿음으로 얻은 구원을 영원한 천국에 가기까지 계속 이루어가야 함을 말하는 것이다. 예수를 믿어도 중간에 타락하여 지옥에 가는 자들이 있다. 구약에는 가인, 에서, 사울 왕, 엘리 제사장, 홉니와 비느하스, 신약시대에는 가룟 유다, 아나니아와 삽비라, 후메네오, 알렉산더, 데마 등이 있다.

만약 당신이 천국 문 앞에 갔는데 예수님께서 "나는 너를 모른다. 지옥으로 가라"고 하면 얼마나 황당하겠는가? 그때는 땅을 치고 통곡해도 소용없다. 그래서 이 메시지는 신앙의 기본이지만 정말 중요하다. 요한계시록에 보면 예수를 믿는 자는 생명책에 기록된다는 말씀이 나온다.

> "이기는 자는 이와 같이 흰 옷을 입을 것이요. 내가 그 이름을 생명책에서 결코 지우지 아니하고 그 이름을 내 아버지 앞과 그의 천사들 앞에서 시인하리라"(계 3:5).

이 말씀은 이기지 못하는 자는 그 이름을 지우신다는 것을 암시하고 있다.

"그러나 끝까지 견디는 자는 구원을 얻으리라"(마 24:13).

한 번 예수님을 구세주로 고백했으니 구원받았다고 하며 자기가 주인이 되어 자기 마음대로 아무렇게나 산다면 진짜 예수 믿는 것이 아니다. 매일 주님을 주인으로 모시고 살아야 한다. 유다서에서도 구원받았다가 멸망 받은 자들을 소개하고 있다.

"화 있을진저 이 사람들이여, 가인의 길에 행하였으며 삯을 위하여 발람의 어그러진 길로 몰려갔으며 고라의 패역을 따라 멸망을 받았도다"(유 1:11).

가인의 잘못은 불순종이고 발람의 잘못은 돈을 사랑하여 거짓예언을 한 것이고 고라의 잘못은 권위에 반항한 것이다. 눈에 보이는 이 세상만을 위해 사는 자는 한 번 믿었으니 천국에 간다고 착각하며 방탕한 삶을 산다. 두렵고 떨림으로 구원을 이루는 것에는 별 관심이 없다.

예수님이 전하는 하나님 나라는 예수님이 오심으로 이미 왔으나 예수님이 재림하실 때까지는 아직 완성된 것이 아니다. 마찬가지로 예수님을 믿는 순간 구원이 시작되었지만 최종적으로 이 땅의 삶을 마치고 천국에 들어가기 전까지는 아직 완전한 구원을 받은 것은 아니다. 그러므로 우리는 날마다 두렵고 떨림으로 구원을 이루어야 한다.

예수님을 믿으면 우리는 구원받는다. 이것을 칭의라고 말한다. 우리가 예수님을 구세주로 믿고 마음에 주인으로 모시면 하나님은 우리를 의롭다고 칭하신다. 동시에 성도는 주님과 함께 사는 관계성을 가져야 한다. 그것을 성화라고 말한다. 예수를 믿으면 동시에 구원을 이루는 성화의 삶을 살아야 한다.

칭의와 성화는 동시에 일어나야 한다.
칭의는 법정적 의미이고 성화는 관계적 의미다.

법정적 칭의만 강조하면 자칫 '한 번 구원받았으니 마음대로 살아도 천국 갈 수 있다'는 이상한 믿음을 낳게 한다. 그래서 법정적 칭의와 동시에 아버지와 아들의 관계 유지가 더 중요하다. 이것은 탕자의 비유로 설명해 본다면 좀 더 쉬워진다.

탕자가 아버지 집을 떠나 마음대로 살다가 다시 아버지의 집으로 돌아와 아들이 되었으면 법정적으로 아들이라 칭함과 동시에 아버지와 아들의 관계가 회복되었으니 이제 아들답게 살아야 한다. 그러면 얼마나 아들답게 살아야 하는지는 문제 되지 않는다.

아버지 집으로 돌아온 탕자가 다시 아버지 집을 떠나간다면 구원이 없겠지만 아들이 아버지와 좋은 관계를 유지하면서 아버지 집에 사는 한 구원이 있다. 그래서 아들이 아버지 집에 있으면서 아버지와 좋은 관계를 유지하면서 사는 것이 중요하다.

우리가 예수를 믿은 후 이 땅에 발을 딛고 사는 지금은 두렵고 떨림으로 구원을 이루어야 한다. 두렵고 떨림으로 구원을 이루려면 우리의 주인이신 예수님에게 온전히 복종해야 한다.

"그러므로 모든 더러운 것과 넘치는 악을 내버리고 너희 영혼을 능히 구원할 바 마음에 심어진 말씀을 온유함으로 받으라. 너희는 말씀을 행하는 자가 되고 듣기만 하여 자신을 속이는 자가 되지 말라"(약 1:21-22).

지금 이런 글을 읽고 마음이 무거운 사람도 있을 것이다. 그렇다면 좋은 기회를 얻은 것이다. 예수님을 구원자로 믿고 동시에 주인으로 모시고 살면 된다. 만약 그렇게 하지 않는다면 천국 문 앞에서 예수님이 "나는 너를 모른다"고 말씀하시는 황당한 거절을 당할 수 있다. 그냥 입으로 예수를 믿었으니 구원받았다고 착각하지 말라. 예수 믿는다고 말만 한 번 하면 절대로 지옥에 가지 않는다는 말을 맹신하지 말라. 성경에는 예수를 믿는다고 말하여도 육신대로 살면 반드시 죽는다고 경고하고 있다.

"너희가 육신대로 살면 반드시 죽을 것이로되 영으로써 몸의 행
실을 죽이면 살리니" (롬 8:13).

우리는 너무 우리가 편한 대로 성경을 이용하려고 한다. 예수를
한 번 믿기만 하면 무조건 천국 간다는 것은 내 편의주의이며 반쪽
구원의 확신이다. 이런 자는 한 번 아들이 되었으니 마음대로 살아
도 된다는 방종의 삶으로 가게 되고 두렵고 떨림으로 구원을 이루
라(빌 2:12)는 말씀을 완전히 무시하는 자이다.

바울은 하나님의 나라에 들어가지 못하는 자, 지옥에 갈 자를
분명하게 기록하고 있다.

"불의한 자가 하나님의 나라를 유업으로 받지 못할 줄을 알지
못하느냐. 미혹을 받지 말라. 음행하는 자나 우상 숭배하는 자
나 간음하는 자나 탐색하는 자나 남색하는 자나 도적이나 탐욕
을 부리는 자나 술 취하는 자나 모욕하는 자나 속여 빼앗는 자
들은 하나님의 나라를 유업으로 받지 못하리라"(고전 6:9-10).
"우상 숭배와 주술과 원수 맺는 것과 분쟁과 시기와 분냄과 당
짓는 것과 분열함과 이단과 투기와 술 취함과 방탕함과 또 그와
같은 것들이라. 전에 너희에게 경계한 것 같이 경계하노니 이런
일을 하는 자들은 하나님의 나라를 유업으로 받지 못할 것이
요"(갈 5:20-21).

"너희도 정녕 이것을 알거니와 음행하는 자나 더러운 자나 탐하는 자 곧 우상 숭배자는 다 그리스도와 하나님의 나라에서 기업을 얻지 못하리니"(엡 5:5).

예수님도 분명하게 경고하신다.

"나더러 주여 주여 하는 자마다 다 천국에 들어갈 것이 아니요. 다만 하늘에 계신 내 아버지의 뜻대로 행하는 자라야 들어가리라"(마 7:21).

이 구절은 너무나 유명한 구절이어서 그냥 무시하고 넘어가려고 한다. 예수님은 그냥 입으로 믿기만 하면 천국에 간다고 말씀하시지 않았다.

"내가 내 친구 너희에게 말하노니… 죽인 후에 또한 지옥에 던져 넣는 권세 있는 그를 두려워하라. 내가 참으로 너희에게 이르노니 그를 두려워하라"(눅 12:4-5).

여기에 '내 친구'는 제자들이다. 주님은 오늘도 예수님을 믿고 제자로 살아가는 자들에게 지옥에 던져 넣을 수 있는 하나님을 두려워하라 말씀하신다. 당신이 예수님을 구원자로 믿었으면 당연히 예수님을 주인으로 모시고 살아야 한다. 예수님을 구원자로만 믿지 말고 동시에 예수님을 주인으로 모시고 살아야 한다. 바울은 자기 죄를 위해 예수님이 십자가에 죽으심을 믿는다면 다시는 자신을 위해 살지 말고 오로지 우리를 위해 죽으시고 부활하신 그분을 위해 살아야 함을 말한다.

> "그가 모든 사람을 대신하여 죽으심은 살아 있는 자들로 하여금 다시는 그들 자신을 위하여 살지 않고 오직 그들을 대신하여 죽었다가 다시 살아나신 이를 위하여 살게 하려 함이라"(고후 5:15).

예수님이 주인 된 삶은 부담이 아니다. 진짜 행복이다. 예수님은 폭군이 아니다. 예수님이 주인 된 삶은 진정한 자유다. 예수님이 주인 된 삶은 우리가 생각지도 못한 은혜가 부어지는 삶이다. 마치 애벌레가 땅에 머리를 박고 살다가 나비가 되어 하늘을 나는 것과 같은 삶이다.

예수님을 구원자로만 믿고 일상생활에서 예수님을 주인으로 모시고 살지 않는 자는 아직 예수를 믿는 것이 무엇인지 잘 모르는 것이다. 혹시 아직도 예수님을 주인으로 모시지 않고 자기가 주인이 되어 사는 이가 있다면 오늘 조용히 예수님을 주인으로 모시는 시간을 가지라. 그분이 당신의 주인이 되신다면 당신 삶에 전에 느

끼지 못했던 일들이 일어날 것이다. 예수를 마음에 주인으로 영접
한 자가 진짜 예수를 믿는 자이다.

"영접하는 자 곧 그 이름을 믿는 자들에게는 하나님의 자녀가
되는 권세를 주셨으니"(요 1:12).

예수를 주인으로 영접하지 않은 자는
예수를 믿는 것이 아니다.
예수를 믿는 순간,
우리는 예수를 주인으로 모시고 살아야 한다.

구원은 예수를 믿고 주인으로 모시는 것

1. 창세기에서 말하는 죄는 무엇인가?

2. 탕자의 비유에서 말하는 죄는 무엇인가?

3. 로마서에서 말하는 죄는 무엇인가?

4. 다음 도표를 채우라.

(죄) = (   )

5. 2천 년 전에 십자가에서 죽으신 예수님의 피가 어떻게 2천 년이나 지난 지금 나의 죄를 깨끗하게 하실 수 있는가?

6. 예수님은 왜 십자가에 죽으시고 부활하셨는가?

7. 지금 당신의 주인이 무엇인지 정직하게 나누고 당신의 주인을 예수님으로 모시라(요 1:12).

—

예수님은 나의 주인이 되기 위해 죽으셨다

  * * * * *

"우리가 살아도 주를 위하여 살고 죽어도 주를 위하여 죽나니 그러므로 사나 죽으나 우리가 주의 것이로다. 이를 위하여 그리스도께서 죽었다가 다시 살아나셨으니 곧 죽은 자와 산 자의 주가 되려 하심이라"(롬 14:8-9).

 성경에 예수님을 구주로, 구세주로 기록한 단어가 36번, 예수님을 주인으로 주로 기록한 단어는 750번 정도 등장한다. 이것은 성경이 예수님을 주인으로 모시라는 것을 강조하는 것이다.

"네가 만일 네 입으로 예수를 주로 시인하며 또 하나님께서 그를 죽은 자 가운데서 살리신 것을 네 마음에 믿으면 구원을 받으리라"(롬 10:9).

바울은 예수님을 주로 시인하고 주로 믿어야 구원받는다고 말한다. 예수를 믿는다는 것은 나의 죄를 위해 십자가에 죽으시고 부활하신 예수님을 나의 주인으로 모시는 것이다.

"한 분이신 주께서 모든 사람의 주가 되사 그를 부르는 모든 사람에게 부요하시도다. 누구든지 주의 이름을 부르는 자는 구원을 받으리라"(롬 10:12-13).

바울은 주의 이름을 부르는 자가 구원받는다고 말하기 전에 모든 사람의 주인이 되신 주를 말하고 있음을 놓치지 말아야 한다.

예수를 믿는다는 것은
내 속에서 죄의 뿌리인 나를 빼내고
대신 예수님을 나의 주인으로 모시는 것이다.
그것이 구원이다.
구원은 죄의 뿌리인 나로부터 건져주시는 것이다.

구원은 죄의 열매로부터 건져주는 것이 아니다. 성경은 분명하게 기록하고 있다. 예수님께서 우리 죄를 위해 십자가에 죽으시고 부활하신 이유가 나의 주인이 되시기 위함이라고 말씀하신다.

"이를 위하여 그리스도께서 죽었다가 다시 살아나셨으니 곧 죽은 자와 산 자의 주가 되려 하심이라"(롬 14:9).

이 구절은 외워야 한다. 많은 그리스도인이 오랫동안 예수님을 구원자로만 믿고 그 뒤 자기가 주인이 되어 여전히 죄를 범하며 살고 있다. 이것은 진짜 그리스도인의 모습이 아니다. 이것은 다시 불신자로 돌아가는 것이다. 이것은 정말 새 생명을 얻은 자의 모습이 아니다.

로마서는 세 부분으로 나누어져 있다

로마서 1장~8장까지는 믿음으로 의롭게 됨을 말하고, 9장~11장까지는 삽입 장으로 유대인을 향한 하나님의 절대주권을 말하며, 12장~16장까지는 다시 믿음의 주제로 돌아가서 믿음으로 의인 된 우리가 어떻게 살아야 함을 말한다. 로마서 12장 1절에서는 믿음으로 의인 된 자는 몸을 하나님이 기뻐하시는 산제사를 드림으로 시작하라고 말씀한다. 이것은 믿음으로 사는 자는 자기가 죽는 것으로 시작된다는 것을 말한다.

"그러므로 형제들아 내가 하나님의 모든 자비하심으로 너희를 권하노니 너희 몸을 하나님이 기뻐하시는 거룩한 산 제물로 드리라. 이는 너희가 드릴 영적 예배니라"(롬 12:1).

로마서 14장 8절은 믿음으로 의인 된 우리는 반드시 예수님을 주인으로 모시고, 살든지 죽든지 주인 되신 주를 위하여 살아야 함을 기록하고 있다.

"우리가 살아도 주를 위하여 살고 죽어도 주를 위하여 죽나니 그러므로 사나 죽으나 우리가 주의 것이로다."

그리고 로마서 14장 9절에서 예수님은 우리의 주인이 되시기 위해 십자가에서 죽으시고 부활하심을 말하고 있다.

"이를 위하여 그리스도께서 죽었다가 다시 살아나셨으니 곧 죽은 자와 산 자의 주가 되려 하심이라."

믿음으로 구원받은 자는 반드시 자기가 죽고 예수가 주인이 되어야 한다. 믿음으로 구원받은 자는 자기를 위해 살지 않고 자기 안의 주인인 예수를 위해 살아야 한다. 믿음으로 구원받은 자는 "내 인생 내 마음대로 산다"가 아니다.

구원받은 자의 인생이란 내 무대가 아니라
그분의 무대가 되어야 한다.
구원받은 자의 인생이란 내가 사는 것이 아니라
내 안에 그분이 살게 하는 것이다.

"내가 그리스도와 함께 십자가에 못 박혔나니 그런즉 이제는 내가 사는 것이 아니요. 오직 내 안에 그리스도께서 사시는 것이라. 이제 내가 육체 가운데 사는 것은 나를 사랑하사 나를 위하여 자기 자신을 버리신 하나님의 아들을 믿는 믿음 안에서 사는 것이라"(갈 2:20).

바울은 예수님이 십자가에 달릴 때 자신도 함께 매달려 죽었다고 말하고 이제는 자신이 사는 것이 아니라 자신 안에 그리스도가 살고 또 예수를 하나님의 아들, 즉 주인으로 모시고 산다고 말한다. 이것은 그냥 이론으로 받아들이면 안 된다. 정말 이렇게 살아야 한다.

초대교회 교인들은 전도할 때 예수를 주님으로 전하였다. 그런데 우리는 전도할 때 예수님이 우리의 죄를 해결해 주시는 구원자라는 것만을 전하는 실수를 범하고 있다. 물론 예수님은 우리의 구원자시다. 그러나 정말 중요한 것은 그 구원자(그리스도)인 예수님을 주인으로 모셔야 하는 것이다.

"우리는 우리를 전파하는 것이 아니라 오직 그리스도(메시아)
예수의 주되신 것과 또 예수를 위하여 우리가 너희의 종 된 것
을 전파함이라"(고후 4:5).

초대 교인들은 그리스도 되신 예수의 주 되심을 전파하였다. 초
대교회 교인들은 그리스도 되신 예수님을 주인으로 받았다.

"그러므로 너희가 그리스도 예수를 주로 받았으니 그 안에서 행
하되 그 안에 뿌리를 박으며 세움을 받아 교훈을 받은 대로 믿
음에 굳게 서서 감사함을 넘치게 하라"(골 2:6-7).

골로새 교인들은 그리스도(메시아)인 예수를 주인으로 모셨다.
사도 바울은 그리스도인 예수를 주인으로 모시고 날마다 죽는 삶
을 산다고 고백하였다.

"형제들아 내가 그리스도 예수 우리 주 안에서 가진 바 너희에
대한 나의 자랑을 두고 단언하노니 나는 날마다 죽노라"(고전
15:31).

베드로도 그리스도인 예수를 주인으로 모셔야 함을 말한다.

"너희 마음에 그리스도를 주로 삼아 거룩하게 하고"(벧전 3:15).

예수님의 친동생인 야고보도 같은 고백을 한다.

"내 형제들아 영광의 주 곧 우리 주 예수 그리스도에 대한 믿음을 너희가 가졌으니 사람을 차별하여 대하지 말라"(약 2:1).

왜 초대교회는 기적이 많았는가? 왜 초대교회에는 큰 부흥이 있었는가? 예수님을 주인으로 모셨기 때문이다. 그들은 예수를 믿는 것과 예수님을 주인으로 모시고 사는 것을 분리하지 않았다. 초대 교인들이 예수를 믿는다는 것은 당연히 예수님을 주인으로 모시고 예수님의 말씀대로 사는 것이었다. 우리도 전도할 때 예수님이 우리 죄 문제를 해결해 주시는 구원자인 동시에 주인 되심을 전해야 한다. 복음을 전한다는 것은 메시아인 예수님이 주인 되심을 전하는 것이다.

한 사람의 마음에 주인이 둘일 수는 없다. 고속도로에서 운전사가 두 명이 있어 서로 다투면서 운전한다면 정말 위험천만한 일이다. 어떤 장소든지 주인이 둘이면 큰 혼란과 분열이 일어난다. 예수를 잘못 믿게 되면 주인이 두 명 되는 현상이 일어난다. 때로는 내가 주인이 되었다가 때로는 예수님이 주인이 되었다가 하는 것

이다. 이를 위의 세 가지 그림으로 비유할 수 있다.

동그라미는 사람을 의미하고 의자는 사람의 마음을 의미한다. 첫 번째 그림은 불신자이고 세 번째 그림은 예수님을 믿는 성도이다. 그런데 두 번째 그림은 예수님과 내가 주인인 자이다. 두 주인이 있는 이 그림은 존재하지 않는 것을 그렸다. 만약 당신이 두 번째 그림에 속한다면 불신자다. 이것은 내 말이 아니다. 셀 교회를 만든 랄프 네이브 목사님의 주장이다. 한국교회에 두 번째 그림이 소개된 것은 엄청난 실수다. 이것은 실수를 넘어서 저주이다. 예수 믿는 사람은 반드시 세 번째 그림이 되어야 한다.

내가 주인이 되면 내 욕심, 내 본능이 살아나서 죄짓게 되고 예수님이 주인이 되면 예수님처럼 살게 된다. 두 번째 그림처럼 나와 예수님이 함께 주인이 되는 것은 신앙인의 삶이 아니다. 이런 삶은 불신자의 삶이다. 예수를 믿는 것은 내가 주인이 되는 나를 완전히 부인하는 것이다. 예수님은 이것을 명확하게 해주셨다.

"무리와 제자들을 불러 이르시되 누구든지 나를 따라오려거든 자기를 부인하고 자기 십자가를 지고 나를 따를 것이니라. 누구든지 자기 목숨을 구원하고자 하면 잃을 것이요. 누구든지 나와 복음을 위하여 자기 목숨을 잃으면 구원하리라"(막 8:34-35).

이 말씀은 꼭 예수님을 따르는 제자에게만 하신 말씀이 아니다. 성경은 분명 무리와 제자들에게 하신 말씀이라고 기록한다. 즉 예수를 믿는 모든 자에게 하신 말씀이다. 예수님은 제자와 예수 믿는 무리를 구별하지 않으셨다. 예수님을 따르는 자는 누구든지 먼저 자기를 부인해야 한다. 더 나아가 예수를 따르는 자는 자기를 부인하는 정도가 아니고 완전히 죽어야 한다. 예수님 당시 십자가를 지고 따른다는 것은 죽는 것을 뜻한다.

로마가 세계를 지배하였기에 로마는 로마에 반역하는 자들을 하루에도 수없이 십자가에 매달아 죽였다. 그래서 언덕으로 십자가를 지고 가면 "아 사람이 또 죽는구나" 하고 다 알았다. 예수를 믿는다는 것은 죄의 뿌리인 나를 부인하고 더 나아가 나를 죽이는 것이다. 사람이 죽는다는 것은 쉬운 일이 아니다. 그래서 예수를 믿어도 내 자아가 잘 안 죽는다. 그러므로 우리는 의도적으로 날마다 내 자아를 죽여야 한다.

"또 무리에게 이르시되 아무든지 나를 따라오려거든 자기를 부인하고 날마다 제 십자가를 지고 나를 따를 것이니라"(눅 9:23).

한 시간 죽는 것이 아니다. 하루 죽는 것도 아니다. 일 년만 죽는 것이 아니다. 날마다 죽어야 한다. 예수님을 믿는다고 입으로 말만 한다고 천국 가는 것은 절대 아니다. 날마다, 매일 내가 죽고 내 안에 예수가 주인으로 살아야 한다. 이 말이 의심스러우면 예수님의 말씀을 보라.

"나더러 주여 주여 하는 자마다 다 천국에 들어갈 것이 아니요. 다만 하늘에 계신 내 아버지의 뜻대로 행하는 자라야 들어가리라"(마 7:21).

예수님의 말씀은 예수님을 주인으로 모시고 살아야 천국 가는 것을 전제로 하고 있다. 예수님은 예수님을 구원자로 믿는 자는 다 천국에 들어갈 것이라고 말씀하시지 않고, 예수님을 "주여"라고 하는 자가 천국에 들어간다는 것을 말씀하시면서 거기다가 예수님을 주인으로 모신 자는 행동이 따라야 함을 지적하신 것이다. 여기에 예수님께서 "주여 주여"라고 두 번이나 말씀하신 것은 강조이기도 하지만 예수님의 감정이 격해져 있음을 알 수 있다.

예수님 당시 부잣집에는 종이 많았다. 종 중에 제일 골치 아픈 종은 말로는 주인님, 주인님 하면서 자기 멋대로 행동하는 종이다.

그러면 주인이 얼마나 화가 나겠는가. 주인은 그 종을 불러 당장 주인의 집에서 쫓아내고 말 것이다. 그다음 구절도 보자.

"그 날에 많은 사람이 나더러 이르되 주여 주여 우리가 주의 이름으로 선지자 노릇 하며 주의 이름으로 귀신을 쫓아내며 주의 이름으로 많은 권능을 행하지 아니하였나이까 하리니"(마 7:22).

여기에 '많은 사람'이라는 것은 헬라어로 '폴루스'인데, 이는 한두 명이 아니라 대부분 사람이라는 의미이다. 예수님은 지금 꾸며낸 이야기를 하는 것이 아니다. 사람들에게 겁을 주기 위해 하신 말씀도 아니다. 예수님은 마지막 날을 이미 보시고 "그날에 많은 사람이"라고 말씀하고 계신 것이다. 정말 그 마지막 날에 이런 일들이 일어난다는 뜻이다. 그러므로 우리는 이 말씀을 결코 가볍게 여겨서는 안 된다.

당신 주위의 대부분 사람이 예수를 믿기만 하면 천국에 간다고 말한다 해서 안전한 것이 아니다. 아무리 많은 사람이 예수를 믿기만 하면 천국에 간다고 말한다 해도 예수님이 아니라면 아닌 것이다. 예수님은 입으로만 주여 주여 하는 것에 염증을 느끼신다. 그다음 구절은 더 강하게 경고하시는 말씀이다.

"그 때에 내가 그들에게 밝히 말하되 내가 너희를 도무지 알지 못 예수님은 입으로만 예수님을 "주여"라고 부르고 삶에는 예수님을 주인으로 모시고 사는 행위가 없는 자들을 향해 예수님에게서 떠나가라고 말씀하신다. 내가 이런 말씀을 전한다고 해서 행위 구원을 말하는 것은 아니다. 우리의 행위로 천국에 갈 자는 아무도 없다. 다만 옳은 행위가 예수님을 정말 믿는다는 것을 증명한다는 뜻이다. 내 삶에 행위가 따르지 않는다면 내가 진짜 예수를 믿는 것인지 자신을 되돌아보아야 한다. 사과나무에 사과 열매가 없다면 그 나무를 살펴보아야 한다.

어떤 분은 그러면 몇 점짜리 그리스도인이 되어야 천국을 갈 수 있느냐고 묻는다. 그에 대한 답은 탕자의 비유에서 찾을 수 있다. 탕자가 아버지 집을 떠났다가 다시 들어왔으면 아버지의 품속에서 살아야 한다. 아버지 집에 있으면서 실수할 수 있고 늦잠 잘 수 있고 옷을 더럽힐 수 있다. 중요한 것은 아버지 집에 있어야 한다는 것이다. 아버지를 주인으로 모시고 살아야 한다. 즉 예수가 주인이 되어야 한다는 뜻이다.

우리 삶에 예수 믿는 자로서의 행위가 따르려면 내 노력이 아니라 예수님을 주인으로 모시고 살면 저절로 된다. 아버지의 뜻대로 행할 힘은 예수님을 구원자로 믿었다고 해서 생기는 것이 아니라 예수님이 내 안에 주인이 될 때 그분의 은혜로 저절로 생긴다. '주'

라고 호칭으로만 사용하지 말고 예수님을 주인으로 모시고 예수님이 내 안의 주인 되는 삶을 살아야 한다. 그리스도인 삶의 진정한 성공은 예수님이 주인 되어 사는 삶이다.

한국교회는 그동안 강단에서 세상 성공, 리더십(Leadership)과 윤리를 많이 강조하였다. 이제 리더십보다 로드십(Lordship)을 강조해야 한다. 많은 사람이 로드십을 성화의 한 부분으로 생각한다. 그래서 로드십이 이루어지지 않는 것이다. 성경은 로드십을 성화의 한 부분으로 생각하지 않는다. 성경은 "로드십은 예수를 믿는 순간 시작해야 된다"고 말한다. 예수님이 주인이 되는 삶을 살지 않고는 진정한 성도가 아니다.

"모든 입으로 예수 그리스도(메시아)를 주라 시인하여 하나님 아버지께 영광을 돌리게 하셨느니라"(빌 2:11).

하나님은 모든 사람이 구세주인 예수님을 주라 시인하기를 원하신다. 구세주인 예수님을 주인으로 모시는 삶 자체가 하나님께 영광이 된다. 예수님을 주라고 부르고 그분을 주로 모시고 살아야 구원을 얻는다.

"네가 만일 네 입으로 예수를 주로 시인하며 또 하나님께서 그를 죽은 자 가운데서 살리신 것을 네 마음에 믿으면 구원을 받으리라. 사람이 마음으로 믿어 의에 이르고 입으로 시인하여 구원에 이르느니라"(롬 10:9-10).

바울은 예수님을 주인으로 모시고 그분이 내 주인이라고 크게 불러야 한다고 말한다.

"누구든지 주의 이름을 부르는 자는 구원을 받으리라"(롬 10:13).

바울 당시 예수를 주로 부르는 것은 위험천만한 일이었다. 로마에는 수많은 종교가 있었다. 로마 정치인들은 '팍스 로마'를 앞세우며 다른 민족의 수많은 종교를 다 수용하였다. 그런데 로마 황제들이 유독 기독교인을 핍박한 이유가 무엇인가? 그들이 기독교인들을 핍박한 가장 큰 이유는 황제를 '주'(큐리오스)라고 부르지 않고 예수를 '주'(큐리오스)라고 불렀기 때문이다. 로마인들은 서로 만나면 "큐리오스 카이사르"라는 말로 황제에게 충성을 다한다는 인사를 하였다. 그런데 기독교인들은 만나면 "큐리오스 예수스"를 외쳤기에 금방 체포되었고 결국 그 고백 때문에 순교하였다. 살아남은 자들은 박해를 피해 카타콤에 들어가 살았다.

로마에 가보면 근교에 카타콤이 있다. 그곳은 지하 공동묘지로 약 600만 구의 시신이 묻혀 있다. 그 지하 무덤의 길이는 900km가 넘는다. 그곳에 엄청난 시신이 묻힌 이유는 초대교회 교인들이 로마 황제의 핍박을 피해 그곳에 숨어 살았기 때문이다. AD 63년에 시작된 네로 황제의 핍박으로부터 콘스탄틴 대제가 기독교를 공인한 AD 313년까지 무려 250년을 이곳에서 숨어 살았다. 놀라운 것은 그곳에서 발견되는 시신들의 키가 1m 20cm밖에 되지 않는다는 점이다. 시신을 발굴한 사람들이 처음에는 어린아이 시신인 줄 알았다. 그런데 알고 보니 모든 시신의 키가 다 비슷했다. 연구진에 의하면 지하묘지에서 햇빛을 보지 못하고 살아서 키가 자라지 않았다는 것이다. 초대교회 교인들은 그런 엄청난 희생을 치르면서 주의 이름을 부르고 믿음을 지켰다.

우리는 "주의 이름을 부르는 자는 구원을 얻는다"는 말을 쓴 바울의 시대적 상황을 알아야 한다. 바울 당시에 예수님을 주인으로 부르는 것은 생명을 내어주는 것과 같은 굉장히 위험한 일이었다. 그런데 현대 그리스도인은 너무 쉽게 예수님을 '주'라는 호칭으로 부르면서 자신이 천국에 간다고 생각하고 있다. 착각이다.

사도행전 16장에는 주인 예수를 믿으면 모든 집안이 다 구원을 받는다고 말씀한다.

"이르되 주(인) 예수를 믿으라. 그리하면 너와 네 집이 구원을 받으리라"(행 16:31).

이 구절의 배경을 보자. 사도 바울은 예수님을 전한다는 이유로 중죄인이 되어 지하 감옥에 갇혔다. 그런데 바울과 실라가 감옥에서 찬양하자 옥문이 열렸다. 바울을 지키던 간수장은 바울과 실라가 도망한 줄 알고 자결하려고 하였다. 그때 바울이 소리를 지르며 "자결하지 말라. 우리가 여기 있노라"고 하였다. 그만큼 바울은 중죄인이었다.

간수장은 바울과 실라 앞에 엎드려 벌벌 떨며 어떻게 해야 구원을 얻겠느냐고 물었다. 그는 조금 전만 해도 바울이 예수 이름을 말할 때 죄인 취급하며 심한 매를 때리고 바울을 감옥에 넣었던 자다. 그 간수장에게 바울이 "주(인) 예수를 믿으라. 그리하면 너와 네 집이 구원을 얻는다"고 말하였다. 그 간수장이 예수를 믿는다고 할 때는 입으로만 믿는다고 말하는 것이 아니다. 예수를 위해 목숨을 거는 것이다. 또 바울이 예수를 소개할 때 주인 예수를 소개하였음을 보아야 한다.

어떤 이는 예수님께서 십자가에 달리실 때 오른편 강도는 예수님을 믿기만 하여 천국에 가지 않았느냐고 말한다. 여기에 우리가 놓치고 있는 것 세 가지를 살펴보자

첫 번째, 그 강도는 유대인이라는 것이다. 예수님 당시 유대인은 태어남과 동시에 모두 유대교를 믿었다. 그들은 다 구약성경을 알고 있었다. 그들은 하나님을 열심히 섬기는 자들이다. 오른편 강도는 평생 유대인으로 살다가 죄를 범하여 사형선고를 받고 십자

가 위에 달려 죽어가고 있다. 그는 자신이 평생 믿었던 유대교를 버리고 예수를 믿은 것이다. 그 당시 예수를 믿는 것은 이교도를 믿는 배도이다. 평생 불교를 믿어왔던 자가 죽는 순간 기독교로 바꾸는 일이 거의 있을 수 없는 것과 마찬가지다. 오른편 강도는 우리가 생각하는 것처럼 간단히 입으로만 예수를 믿은 것이 아니다.

두 번째, 강도는 예수님이 놀라운 기적을 행하는 것을 보고 믿은 것이 아니다. 예수님이 불치의 병을 고치는 것을 믿은 것이 아니다. 십자가에 비참하게 죽어가는 30대의 초라한 예수를 믿은 것이다. 이것은 가히 혁명적인 일이다. 그는 단순히 입으로만 예수를 믿은 것이 아니다. 그는 지금 십자가 위에서 자신처럼 비참하게 죽어가는 예수를 믿은 것이다. 우리는 지금 예수님이 우리 죄를 위해 십자가에 죽으시고 3일 만에 부활하신 것을 알고 있다. 그러나 오른편 강도는 아직 부활하실 주님을 모른다. 지금 그의 눈에는 힘없이 죽어가는 십자가에 못 박힌 예수가 보인다. 그런데 그는 그 나약한 예수를 믿고 그 예수에게 자기 영혼을 맡겼다.

세 번째, 강도는 천국이 있음을 믿었을 뿐만 아니라 예수님을 천국의 주인으로 믿었다. "예수여 당신의 나라가 임하실 때에 나를 기억하소서"(눅 23:42). 강도가 그의 입으로 '당신의 나라'라고 하며 분명하게 예수님이 천국의 주인임을 고백하였다. 오른편 강도는 죽는 순간 평생 믿어온 유대교를 버리고 그의 전 인생을 송두리째 예수님에게 맡긴 것이다. 오른편 강도의 믿음은 엄청나게 큰 믿음이다. 우리는 예수를 입술로 믿기만 하면 천국 간다는 그 위험한 구원을 점검해 보아야 한다.

오늘 당신의 주인을 분명히 하라. 예수를 믿어도 여전히 적당히 자기가 주인이 되어 사는 자는 아직 예수님을 주인으로 모시고 사는 자가 아니다. '내'가 삶의 주인인 자는 모든 것이 다 '나'이다. 내 비전, 내 꿈, 내 가족, 내 자녀, 내 건강, 내 취미, 내 직업, 내 성공, 내 유명 등 자기가 주인인 자는 무슨 기도를 하여도 자기가 주인이 되어서 자기 기도를 들어 달라고 한다.

자기가 주인인 자는 자기가 너무 커서
예수님을 자기 삶에 이용만 한다.
그러나 예수님이 주인 된 자는
예수님이 너무 커서 예수님의 말씀에
자기가 이용당하는 것을 기뻐하고 만족한다.
예수님을 이용하려고 하지 말고
예수님에게 이용당하는 자가 되라.

당신은 예수님을 이용하는 자가 아니라 예수님을 진정으로 주인으로 모시고 그 주인의 말에 순종하는 자로 살라. 현대인은 마치 중세에 지구가 우주의 중심이라고 외치며 살았던 어리석은 자들과 같다. 지구는 우주의 중심이 아니다. 지구는 한낱 태양 주위를 도는 작은 행성일 뿐이다. 마찬가지로 온 우주의 중심은 내가 아니라 예수님이시고 나는 그저 예수님의 종에 불과하다.

세상의 타락된 문화는 우리에게 말한다.

"네가 세상에 중심에 서라."

"네가 주도적인 인생을 살라."

"네가 네 마음대로 살지 않는다면 죽는 날에 후회할 것이다."

"모든 문제는 너 스스로 해결하라."

이것이 바로 에덴동산에서 사탄이 하와에게 유혹한 것과 같은 말이다.

"먹고 싶은 대로 먹으라."

"하고 싶은 대로 하라."

"보암직한 것을 보라."

"탐스러운 것을 가지라."

이것은 진리가 아니다. 이것은 거짓말이다. 이대로 하면 사탄의 종이 되고 에덴동산은 파괴된다.

세상은 "너를 행복하게 하라"고 하고 세상은 "너를 예배하라"고 유혹한다. 아니다. 이것은 사탄의 유혹이다. 우리는 자신을 높이라고 창조된 것이 아니라 우리의 주인이신 예수님을 높이라고 창조된 피조물이다. 우리는 예배(칭찬)받는 자로 지어진 것이 아니고 주님을 예배하는 자로 창조되었다. 우리는 자기를 높이지 말고 우리 주인이신 예수님을 높여야 한다. 자기를 사랑하고 자기를 높이는 것은 말세의 표징 중에 하나이다.

> "사람들이 자기를 사랑하며 돈을 사랑하며 자랑하며 교만하며 비방하며 부모를 거역하며 감사하지 아니하며 거룩하지 아니하며"(딤후 3:2).

최근에는 버킷 리스트라는 것까지 나와 죽기 전에 자기가 하고 싶은 것을 다 하고 죽으라고 말한다. 아니 그렇게 하면 뭐 하나? 죽으면 곧바로 지옥에 갈 텐데…. 버킷 리스트할 시간과 돈이 있다면 그것으로 죽기 전에 조금 더 예수를 위해 살다가 천국에 가라.

당신이 예수를 믿는가? 그렇다면 당신을 위한 삶을 내려놓고 주인을 위해 살라. 예수를 믿는다는 것은 예수님을 주인으로 모시는 것으로 시작된다. 고린도 교회 교인들은 예수님을 주인으로 불렀다고 기록하고 있다.

> "고린도에 있는 하나님의 교회 곧 그리스도 예수 안에서 거룩하여지고 성도라 부르심을 받은 자들과 또 각처에서 우리의 주 곧 그들과 우리의 주 되신 예수 그리스도의 이름을 부르는 모든 자들에게 하나님 우리 아버지와 주 예수 그리스도로부터 은혜와 평강이 있기를 원하노라"(고전 1:2-3).

고린도에 있는 성도는 예수님을 주인으로 부르는 자들이었다. 즉 성도란 예수님을 주인으로 모신 사람이라는 것이다. 순교자 스데반은 죽을 때 이렇게 기도하였다.

"그들이 돌로 스데반을 치니 스데반이 부르짖어 이르되 주 예수여 내 영혼을 받으시옵소서 하고 무릎을 꿇고 크게 불러 이르되 주여 이 죄를 그들에게 돌리지 마옵소서. 이 말을 하고 자니라"(행 7:59-60).

스데반은 돌에 맞아 죽는 순간 구세주 예수님을 부른 것이 아니라 주인 예수님을 불렀다. 이것이 초대교회 교인들의 신앙이었다.

매주 예배가 끝날 때 하는 목사의 축도는 사도 바울의 축도다. 그 축도에는 언제나 예수님을 주로 소개한다.

"주(인) 예수 그리스도의 은혜와 하나님의 사랑과 성령의 교통하심이 너희 무리와 함께 있을지어다"(고후 13:13).

바울은 데살로니가 후서에서도 마지막 장 마지막 절에 예수님을 주인으로 소개하고 그 주인 되신 예수님과 언제나 함께하길 기도하였다.

"평강의 주께서 친히 때마다 일마다 너희에게 평강을 주시고 주께서 너희 모든 사람과 함께 하시기를 원하노라"(살후 3:16).

초대교회를 이끌어 갔던 베드로는 베드로전후서를 쓰면서 주인 되신 예수님을 강조했다.

"너희 마음에 그리스도(메시아)를 주로 삼아 거룩하게 하고 너희 속에 있는 소망에 관한 이유를 묻는 자에게는 대답할 것을 항상 준비하되 온유와 두려움으로 하고"(벧전 3:15).
"곧 거룩한 선지자들이 예언한 말씀과 주 되신 구주께서 너희의 사도들로 말미암아 명하신 것을 기억하게 하려 하노라"(벧후 3:2).

베드로는 베드로후서 마지막을 기록하면서 예수님의 주인 되심을 강조하고 마쳤다.

"오직 우리 주 곧 구주 예수 그리스도의 은혜와 그를 아는 지식에서 자라 가라. 영광이 이제와 영원한 날까지 그에게 있을지어다"(벧후 3:18).

성도가 성도답게 살 수 있는 비결은 다름 아닌 예수님을 주인으로 모시고 사는 것에 있다.

> "우리가 살아도 주를 위하여 살고 죽어도 주를 위하여 죽나니 그러므로 사나 죽으나 우리가 주의 것이로다"(롬 14:8).

예수님이 주인 되는 삶은 손해가 아니라 엄청난 축복이다. 예수님이 주인이 되면 모든 것에서 자유롭게 된다. 죄로부터 자유롭게 된다. 세상의 모든 중독으로부터 자유롭게 된다. 염려, 근심, 걱정으로부터 자유롭게 된다. 질병으로부터 자유롭게 된다. 미래에 대한 두려움에서 자유롭게 된다. 예수님이 주인 되면 어떤 상황에서도 오뚝이처럼 일어나게 된다.

> "우리가 사방으로 우겨쌈을 당하여도 싸이지 아니하며 답답한 일을 당하여도 낙심하지 아니하며 박해를 받아도 버린 바 되지 아니하며 거꾸러뜨림을 당하여도 망하지 아니하고 우리가 항상 예수의 죽음을 몸에 짊어짐은 예수의 생명이 또한 우리 몸에 나타나게 하려 함이라"(고후 4:8-10).

화니 크로스비라는 여성은 신앙이 좋은 부모와 할머니 밑에서 자랐다. 그러나 그녀의 마음속에는 늘 하나님을 향한 원망이 있었다. 그녀는 태어난 지 6주 만에 시각장애인이 되었기 때문이다. 육체의 질병과 앞을 보지 못하는 것에 대해 부모를 원망하고 하나님을 원망하였다. 그녀는 수많은 설교를 들어도 아무런 감동이 없었다. 그런데 그녀를 사랑한 스승이 있었다. 데오도르 캠프라는 이 스승은 하나님의 말씀으로 화니 크로스비에게 복음을 전했다. 그때 마침 뉴욕 전역에 전염병이 유행하게 되었다.

어느 날, 크로스비가 꿈을 꾸었는데 자기의 스승인 데오도르 캠프가 전염병으로 죽어가는 광경을 보았다. 그 스승은 죽어가면서 이렇게 말했다.

"크로스비야, 너는 천국에서 나를 만나 주겠니?"

잠에서 깨어난 크스로비는 자신이 천국에 갈 확신이 없음을 깨닫고 불안해지기 시작하였다.

"어떻게 하면 천국에 갈 수 있을까? 어떻게 하면 인생에 의미를 찾을 수 있을까? 어떻게 하면 내 인생이 풍성한 열매를 맺을까?"

여러 생각 끝에 간호사가 되기로 했다. 그녀는 간호사가 되어 선행하다 죽으리라고 결심했다. 그래서 그녀는 전염병이 유행하는 뉴욕에서 간호사가 되고자 지원하였다. 그러나 그녀의 마음에는 여전히 아무런 평안이나 기쁨이 없었다. 특히 죽은 다음에 천국에 갈 확신이 없었다.

1850년 11월 20일 교회 전도 집회에 참석하였다가 그녀는 예수님께서 자신을 부르는 음성을 들었다. 그녀는 설교가 끝난 뒤 마지막 찬송을 부를 때 주님 앞에 일어섰다.

"웬 말인가 날 위하여 주 돌아가셨나 이 몸밖에 더 없어서 이 몸 바칩니다."

그녀는 이렇게 기도하였다.

"주님, 내가 스스로 내 인생을 고쳐 보려고 노력했지만 실패하였습니다. 이젠 주님이 내 삶을 맡으시고 주관해 주옵소서."

그녀의 삶을 주님께 드리고 예수님을 주인으로 모셨을 때 그녀의 인생이 송두리째 달라졌다. 그녀의 입술에 불평불만이 사라졌다. 모든 것이 감사로 바뀌었다. 그녀가 만지는 꽃, 나무, 풀, 새들의 지저귐, 시냇물 소리까지도 하나님의 선하심을 고백하였다. 그녀는 이 모든 신앙고백을 시로 담아내기 시작하였다. 하나님께서 그녀의 마음에 어마어마한 찬송가 가사를 부어주셨다. 그 뒤 그녀가 지은 찬송은 8,000곡이나 되었다. 〈예수로 나의 구주 삼고〉, 〈주의 친절한 팔에 안기세〉, 〈인애하신 구세주여〉, 〈나의 갈길 다 가도록 예수 인도하시니〉, 〈내 주를 가까이하려 함은〉 등.

그녀는 어디를 가나 사람들로부터 찬양과 설교를 부탁받았다. 그녀는 94세의 나이에 편안하게 잠을 자다가 하늘나라로 갔다. 그녀가 자신이 주인 되어 자기의 인생에 일어난 일에 대하여 불평불만을 하였을 때는 기쁨이 없었고 노래도 없었다. 하지만 예수님을 주인으로 모시고 살자 위로부터 쏟아지는 찬송가 가사가 떠올랐고 그녀의 눈에 보이는 모든 것이 시였고 노래였다.

예수님이 주인 되면 아무것도 갖지 않았으나 모든 것을 가진 자가 되고, 가장 약한 자 같으나 가장 강한 자가 되며, 실패한 것 같으나 성공한 자가 된다. 예수님은 분명하게 말씀하신다. 예수님이 오신 것은 우리를 풍성하게 함이라고 하셨다.

"내가 온 것은 양으로 생명을 얻게 하고 더 풍성히 얻게 하려는 것이라"(요 10:10).

예수님이 주인 되면 내 비전이 축소되는 것이 아니라 자신만을 위해 사는 초라한 비전을 버리고 온 세상을 향한 풍성한 비전을 가지게 된다. 예수님이 내 주인 되면 손해가 아니라 훨씬 더 큰 축복이 된다. 예수님이 내 주인 되면 모든 불평과 원망이 사라진다. 예수님이 내 주인 되면 부부싸움이 사라지고 모든 다툼으로부터 자유롭게 된다.

예수님이 내 주인 되면 모든 비난과 불평이 사라지고 감사가 넘치게 된다. 예수님이 내 주인 되면 모든 무능이 사라진다. 예수님이 내 주인 되면 우울과 허무가 빠져나가고 생명을 얻게 되고 그 생명이 흘러넘치게 된다. 예수님이 내 주인 되면 예수님의 열정이 생기고 예수님의 능력이 드러나게 된다. 그러므로 우리는 내 안에서 내 생각, 내 욕심, 내 자랑을 죽이고 예수님만 드러나게 해야 한다.

당신이 진정 매일 예수님을 주인으로 모시고 살면 내일에 대한 모든 염려가 다 사라지고 내일에 대한 엄청난 기대가 생길 것이다. 그분이 내 주인으로 사는 삶이 기대되는 것은 너무나 당연한 일이다. 아직도 내일에 대한 염려가 가득하다는 것은 여전히 '내'가 주인이라는 뜻이다.

예수님이 주인이 되고 내가 그분의 종이 되면
모든 염려가 사라진다.
종인 우리가 무엇을 염려한다는 것은
여전히 내가 주인 되어 살고 있다는 증거다.
당신이 정말 예수님의 종이라면
주인이신 예수님에게 순종만 하면 된다.
그러면 주인이신 예수님이
당신의 모든 필요를 다 공급해 주실 것이다.

예수님을 믿는다고 말만 하지 말고 매일 매 순간 그분을 주인으로 모시고 기대가 넘치는 삶을 살라. 예수를 믿을수록 내가 점점 작아지고 예수님이 점점 커져야 한다. 예수를 믿을수록 내 목소리는 점점 작아지고 예수님의 목소리가 점점 더 커져야 한다. 목소리가 큰 사람은 자기 의가 강하기 때문이다. 우리가 흔히 내세우는 자기 의는 걸레 조각과 같이 더럽고 초라한 것이다. 우리에게 의란 예수님뿐이다. 내 의를 버리고 겸손히 그분의 의를 드러내야 한다.

부활하여 지금 살아계신 예수님을 매일 매 순간 주인으로 모시고 살라. 인생 전체가 기적이며 축복이 될 것이다. '나는 예수를 주인으로 모시고 사는데 천국에 갈 수 있을까?' 하는 고민이나 의심하지 말라. 예수를 내 인생의 주인으로 모시면 영원한 생명을 소유하게 된다.

"아들(예수)이 있는 자에게는 생명이 있고 하나님의 아들이 없는 자에게는 생명이 없느니라"(요일 5:12).

만약 당신에게 예수님이 주인으로 들어와 계시지 않는다면 당신에게는 결코 영원히 사는 생명이 없다. 그런 사람은 아무리 교회를 오래 다녀도 결코 천국에 갈 수 없다. 당신이 예수 믿고 천국에 가길 원한다면 생명이신 예수님을 당신의 마음에 주인으로 모셔야한다. 여기에 '생명'은 80~100년을 살다가 죽는 목숨이 아니라 영원히 사는 생명을 뜻한다. 그 생명을 얻기를 원한다면 예수님을 주인으로 모시라. 교회 오래 다녔다고 말하지 말고 예수님을 주인으로 모시고 살라.

AD 90년경에 초대교회 성도들은 예수님이 부활하시고 승천하신 후 60년이 지나자 믿음이 시들해졌다. 그 즈음 예수님은 사도 요한에게 계시록을 기록하게 하여 이런 말씀을 전하게 하셨다.

"볼지어다. 내가 문밖에 서서 두드리노니 누구든지 내 음성을 듣고 문을 열면 내가 그에게로 들어가 그와 더불어 먹고 그는 나와 더불어 먹으리라"(계 3:20).

이 말씀은 불신자에게 하시는 말씀이 아니다. 라오디게아 교인들에게 하신 말씀이다. 라오디게아 교인들은 차갑지도 뜨겁지도 않다고 책망받았다. 예수님은 지금도 우리 문을 두드리고 계신다. 보통 문밖에서 문을 두드리는 자는 먹을 것이 없는 걸인이나 잘 곳이 없는 나그네나 상처 입은 사람들이다. 그러나 예수님은 걸인도 나그네도 아닌데 우리 마음의 문을 두드리고 계신다. 그 이유는 문 안에 있는 우리가 너무 배고파하기 때문이며, 너무 목말라하기 때문이며, 상처투성이로 외로이 살아가기 때문이다.

문밖에 계신 예수님은 부유한 자로, 치유자로 문 안에 있는 우리를 살리시기 위해 우리의 문을 두드리고 계신다. 예수님은 지금도 예수를 믿지만 예수를 주인으로 살지 않는 자들을 안타까워하시며 마음의 문을 두드리고 계신다. 오늘날 교인 중에 예수님을 주인으로 모시고 살지 않는 이가 많다. 예수님을 주인으로 모시는 것을 미루지 말라. 인생에 이것보다 중요한 일은 없다. 오늘 예수님을 주인으로 모시면 삶에 혁명이 일어난다.

예수님은 내 안에 사시기 위해 이 땅에 오셨다.

예수님은 내 안에

주인으로 사시기 위해 이 땅에 오셨다.

예수님은 내 안에

주인으로 영원히 사시기 위해 이 땅에 오셨다.

"예수께서 우리를 위하여 죽으사 우리로 하여금 깨어 있든지 자
든지 자기와 함께 살게 하려 하셨느니라"(살전 5:10).

예수님을 내 주인으로 모시는 것은 내게 손해가 아니다. 예수님
이 초라한 내 안에 내 주인으로 들어오시는 것은 엄청난 은혜이다.
인생은 결코 짐이 아니다. 예수님을 주인으로 모시면 모든 것에 답
이 있다. 이와 관련해서 종교개혁자 조지 휘트필드는 이런 말을 남
겼다. "예수를 우리의 주인으로 모셨다면 그 무엇도 절망할 것이
없다."

우리가 살아도 주를 위하여 살고
죽어도 주를 위하여 죽나니
그러므로 사나 죽으나 우리가 주의 것이로다.
이를 위하여 그리스도께서 죽었다가 다시 살아나셨으니
곧 죽은 자와 산 자의 주가 되려 하심이라.

- 롬 14:8-9 -

예수님은 나의 주인이 되기 위해 죽으셨다

....

1. 로마서 14장 19절을 암송하라.

2. 초대교회 교인들은 예수를 구원자로 믿었는가? 주로 믿었는가?

   아니면 둘 다 믿었는가? (골 2:6-7).

3. 예수님을 따르려면 무엇을 해야 하는가? (막 8:34-35).

   "무리와 제자들을 불러 이르시되 누구든지 나를 따라오려거든 자기를 부인하

   고 자기 십자가를 지고 나를 따를 것이니라. 누구든지 자기 목숨을 구원하

   자 하면 잃을 것이요. 누구든지 나와 복음을 위하여 자기 목숨을 잃으면 구원

   하리라" (막 8:34-35).

4. "누구든지 주의 이름을 부르는 자는 구원을 받으리라"(롬 10:31)는 말은 바울 당시 무슨 의미였는지 시대적 배경지식을 가지고 설명해 보라.

5. 예수를 주인으로 모시면 무슨 일이 일어나는가? (요 10:10, 요일 5:12).
   "도둑이 오는 것은 도둑질하고 죽이고 멸망시키려는 것뿐이요. 내가 온 것은 양으로 생명을 얻게 하고 더 풍성히 얻게 하려는 것이라"(요 10:10).
   "아들이 있는 자에게는 생명이 있고 하나님의 아들이 없는 자에게는 생명이 없느니라"(요일 5:12).

6. 당신 안에 예수님이 계시는가? 당신의 주인은 정말 예수님인가?
   당신은 아래 그림 중 어디에 해당하는지 정직하게 나누라.

—

날마다 죽는 것을
선택하라

* * * * *

"예수께서 따로 기도하실 때에 제자들이 주와 함께 있더니 물어 이르시되 무리가 나를 누구라고 하느냐. 대답하여 이르되 세례 요한이라 하고 더러는 엘리야라, 더러는 옛 선지자 중의 한 사람이 살아났다 하나이다. 예수께서 이르시되 너희는 나를 누구라 하느냐. 베드로가 대답하여 이르되 하나님의 그리스도시니이다 하니 경고하사 이 말을 아무에게도 이르지 말라 명하시고 이르시되 인자가 많은 고난을 받고 장로들과 대제사장들과 서기관들에게 버린 바 되어 죽임을 당하고 제삼일에 살아나야 하리라 하시고 또 무리에게 이르시되 아무든지 나를 따라오려거든 자기를 부인하고 날마다 제 십자가를 지고 나를 따를 것이니라. 누구든지 제 목숨을 구원하고자 하면 잃을 것이요. 누구든지 나를 위하여 제 목숨을 잃으면 구원하리라"(눅 9:18-24).

내 꿈은 큰 교회를 만드는 것이 아니다. 우리 교회 모든 교인이 다 천국에 가는 것이다. 아무리 이 세상에서 잘살면 뭐 하나? 죽음 이후 지옥에 간다면 인생을 잘못 산 것이다. 인생은 천국을 준비하는 기간이다. 결국 인생의 성패는 천국에 가는가, 못 가는가로 결정된다. 인생 최고의 성공은 천국에 들어가는 것이다. 이번 장의 말씀은 조금 딱딱하지만 구원에 대한 너무나 중요한 말씀이다.

예수님은 공생애를 시작하시고 3년째에 오병이어로 오천 명을 먹이는 기적을 행하셨다. 이 일로 이스라엘 백성은 예수님이 광야에서 만나를 먹이는 제2의 모세라고 하며 예수님을 왕으로 모시려고 하였다. 오병이어로 오천 명을 먹이는 기적은 예수님의 공생애 중 인기 절정에 오르게 하는 사건이었다.

예수님은 오병이어 기적 이후에 곧바로 자신이 바로 '생명의 떡'이라고 하면서 예수님을 먹는 자가 영생한다고 말씀하셨다. 그러자 그 많던 무리가 말씀이 어렵다고 하면서 예수님을 떠났다. 그들은 예수를 따르는 자가 아니었다. 그들은 예수를 믿는 자도 아니었다. 그들은 구경꾼이었다. 그들은 예수님을 따르는 팬에 불과했다. 예수님은 몇 남지 않은 사람들에게 아주 중요한 말씀을 하신다.

"또 무리에게 이르시되 아무든지 (정말) 나를 따라오려거든 자기를 부인하고 날마다 제 십자가를 지고 나를 따를 것이니라" (눅 9:23).

이 말씀을 좀 더 심각하게 생각하려면 나를 따라오려거든 앞에 '정말'을 넣으면 좋겠다. 이 말씀은 제자들이 아니라 무리에게 하신 말씀이다. 오늘날 교회의 문제는 스스로 그리스도인이라고 말하지만 정작 예수를 따를 생각은 없고 온갖 혜택만 바라며 예수님 주위를 서성거리는 구경꾼만 가득하다는 것이다. 그들은 천국에 갈 수 없다. 그들 안에 예수님이 계시지 않기 때문이다. 성경에 분명히 말씀한다. 우리 안에 예수가 없다면 버림받은 자라고.

> "너희는 믿음 안에 있는가. 너희 자신을 시험하고 너희 자신을 확증하라. 예수 그리스도께서 너희 안에 계신 줄을 너희가 스스로 알지 못하느냐. 그렇지 않으면 너희는 버림받은 자니라"(고후 13:5).

당신은 예수님을 믿길 원하는가? 예수를 따르고 예수와 함께 살길 원하는가? 그렇다면 반드시 해야 할 일이 있다.

예수를 믿는 자는 '내가' 죽는 죽음을 선택해야 한다

예수님께서 공생애를 시작하신 지 3년이 넘어가자

예수님 주변에 수많은 사람이 몰려왔다. 그러나 그들은 정말 예수님을 믿는 자들이 아니었다. 그들은 예수님 곁에서 무슨 유익만 바라고 따라다니는 구경꾼일 뿐이었다. 예수님은 이제 예수를 믿으려면 어떻게 해야 하는지 말씀하신다. 예수를 믿는 것과 예수를 따르는 것은 같은 말이다. 예수님은 예수를 따르려면 자기 자신을 부인하고 십자가를 지고 따르라고 말씀하셨다.

자기를 부인하는 것과 십자가를 지는 것은 같은 말이다. 똑같은 말을 다르게 표현하는 것은 문학적인 기법으로 같은 말을 강조하는 것이다. '자기를 부인한다' 는 것은 '자기 자신을 부정' 하는 것을 말한다. 자기 부정은 자신의 힘으로 살지 않고 이제 예수님의 힘으로만 산다는 것을 뜻한다. 이것은 철저한 자아의 부정, 즉 자아의 죽음을 말한다. 또 '자기 십자가를 진다' 는 것도 '자신이 죽는 것' 을 말한다. 이 '자기 십자가를 진다' 는 말씀의 의미를 그 당시 유대인은 익히 잘 알고 있었다.

예수님 당시 이스라엘은 로마의 지배를 받고 있었는데 로마인들은 로마에 반기를 드는 자들을 그냥 죽이지 않고 십자가에 매달아 죽였다. 요세푸스의 기록에 의하면 예수님 당시에 십자가형이 매일 있었다고 하는데, 많게는 하루에 2천 명이 죽을 때도 있었다고 한다. 로마가 지배하는 곳에는 곳곳에 로마에 반역하는 자들이 계속 일어나고 있었다. 그래서 로마인들은 형벌 중에서도 가장 잔혹한 십자가형으로 사람들을 죽였다. 로마에 반역하려는 마음을 완전히 꺾기 위함이었다.

죄수를 처형하려면 칼로 죽여도 되고 독약을 먹여도 된다. 그런데 그들을 벌거벗겨 십자가에 못 박혀 죽게 한 것은 수치와 부끄러움을 느끼게 하고 고통을 길게 하기 위함이었다. 또 십자가형으로 죽는 사람은 그냥 십자가에 매달려 죽기만 하는 게 아니다. 십자가형에 처하기 전에 먼저 손을 묶어 기둥에 매달고 채찍질을 하여 거의 죽게 만든다. 그리고 자신이 매달릴 나무 십자가를 메고 언덕을 올라가게 한 후 십자가에 매달아 죽였다.

실제로 예수님도 십자가를 지시기 전에 39대의 매를 맞으셨고, 약 60kg 정도 되는 십자가를 지고 빌라도 법정에서 '비아 돌로로사'(고난의 길)라는 좁은 길을 걸어가셨다. 지금도 그 길이 그대로 남아 있다. 그래서 많은 성지순례자가 십자가를 메고 그 길을 걸어가 본다. 예수님은 빌라도 법정에서 십자가를 지시고 약 800m의 길을 걸으셔서 골고다 언덕에서 도착하셨고, 그곳에서 예수님이 메고 오신 십자가 위에 약 20cm 되는 못으로 못 박힘을 당하시고 십자가에 매달려 6시간의 긴 고통의 시간을 보내고 죽으셨다.

예수님 당시 유대인은 누군가 십자가를 메고 언덕을 오르면 '아, 저 사람 오늘 죽는구나!' 하고 알았다. 예수님께서 무리에게 "나를 따르려거든 자기를 부인하고 십자가를 져야 한다"는 말씀을 하실 때 그들은 '아 예수님을 따르려면 내가 죽어야 하는구나!'로 받아들였다. 이 말씀은 예수님이 제자들에게만 말씀하신 것이 아니다. 예수님은 아무든지, 누구든지, 예수를 따르는 자들에게 자신을 부인하고 십자가를 지라고 말씀하셨다.

당신이 정말 예수를 믿고 싶은가? 그렇다면 자기가 죽는 죽음을 선택해야 한다. 편안하게 십자가를 질 수는 없다. 십자가는 죽는 것을 뜻한다. 십자가는 어디로 메나 고통스러운 것이며 결국은 죽음이다. 예수를 따르는 것은 고통스러운 십자가를 메고 죽는 것을 말한다. 우리는 예수를 믿으면 복 받는다는 말을 많이 한다. 그런데 예수님은 예수를 믿으려면 "자기를 부인하고 십자가를 지라"고 말씀하신다. 즉 자신이 먼저 죽어야 함을 말씀하신 것이다. 내가 죽지 않으면 내 안에 예수님이 주인이 될 수 없다.

누가복음 9장 23절의 말씀이 얼마나 중요한지 누가는 거듭 되풀이하여 말한다.

"누구든지 자기 십자가를 지고 나를 따르지 않는 자도 능히 내 제자가 되지 못하리라"(눅 14:27).

누가만 이 말씀을 하는 것이 아니다. 마태도 마가도 같은 말씀을 한다.

"또 자기 십자가를 지고 나를 따르지 않는 자도 내게 합당하지 아니하니라"(마 10:38).

"무리와 제자들을 불러 이르시되 누구든지 나를 따라오려거든 자기를 부인하고 자기 십자가를 지고 나를 따를 것이니라"(막 8:34).

사도 바울도 동일하게 말한다.

"내가 그리스도와 함께 십자가에 못 박혔나니 그런즉 이제는 내가 사는 것이 아니요, 오직 내 안에 그리스도께서 사시는 것이라"(갈 2:20).

예수를 믿고 싶은가? '내가' 죽어야 한다. 왜냐하면 '내가' 모든 죄의 뿌리이기 때문이다. 예수를 믿는 것은 내가 주인인 내가 죽는 것으로 시작된다. 내가 죽는 것은 내 이기심이 죽는 것이다. 예수 때문에 손해를 보고 예수 때문에 핍박받는 것이다. 예수님은 이렇게 말씀하신다.

"인자(예수)로 말미암아 사람들이 너희를 미워하며 멀리하고 욕하고 너희 이름을 악하다 하여 버릴 때에는 너희에게 복이 있도다"(눅 6:22).

사도 바울도 같은 말씀을 한다.

"무릇 그리스도 예수 안에서 경건하게 살고자 하는 자는 박해를 받으리라"(딤후 3:12).

"그리스도를 위하여 너희에게 은혜를 주신 것은 다만 그를 믿을 뿐 아니라 또한 그를 위하여 고난도 받게 하려 하심이라. 너희에게도 그와 같은 싸움이 있으나"(빌 1:29-30).

미국에 유대인들에게만 복음을 전하는 선교사가 있다. 그는 미국 시민권자인데 원래 이스라엘에서 복음을 전하다가 추방되었다. 그는 미국으로 돌아와 미국에 사는 유대인들에게 복음을 전하기 시작하였다. 하루는 UN 사무국 신우회 예배에서 유엔 사무국 안에 있는 유대인에게 복음을 전하라는 메시지를 전하였다.

한 자매가 선교사의 설교에 도전을 받고 자기 직장 상사인 유대인에게 예수를 전하였다. 유대인들은 예수를 전하면 굉장히 불쾌하게 받아들이고 화를 낸다. 그 자매가 직장 상사에 복음을 전하자 그는 자매에게 폭언을 퍼붓고 화를 냈다.

그다음 날 자매는 선교사에게 전화해서 자신이 유대인 직장 상사에게 복음을 전하고 폭언을 들었다며 투정하였다. 그때 선교사는 그 자매에게 "아니 예수님은 복음을 전한다는 이유로 십자가에 매달려 죽기까지 하였는데 그까짓 폭언을 듣는 것이 뭐 그리 힘든 일이냐"고 하며 별것 아니라고 말하였다. 그 말을 들은 자매는 마음에 큰 도전이 되었다.

그렇다. 나를 위해 예수님은 죽기까지 하셨는데 그까짓 욕을 먹는 것이 뭐 대수냐 하며 그다음 날 또다시 직장 상사에게 욕먹을 각오를 하고 복음을 전하였다. 그런데 이상하게 이번엔 예수에 대해 순순히 듣고 예수를 영접하는 기적이 일어났다. 그 자매는 정말 예수님을 따르는 자로 산 것이다.

당신은 예수님 때문에 미움받아 보았는가? 예수님 때문에 친구들로부터 욕을 받아 보았는가? 예수님 때문에 따돌림당해 보았는가? 예수님 때문에 회사에서 불이익을 당해 본 적이 있는가? 예수님 때문에 휴가를 반납한 적 있는가? 예수님 때문에 상처받은 적 있는가? 예수님 때문에 억울한 일 당한 적 있는가? 예수님 때문에 재정적으로 큰 손해를 본 적이 있는가? 예수님은 그런 사람은 복이 있다고 말씀하신다. 예수님 때문에 받는 고난이나 희생이 없다면 내가 과연 십자가를 제대로 지고 있는지 생각해 봐야 한다.

예수를 믿는 심벌로 아름다운 장미나 평화의 상징인 비둘기, 목자의 상징인 지팡이나 희망의 상징인 등불이 더 멋있지 않은가? 꼭 혐오스러운 십자가를 말해야 하는가? 예수님의 말씀을 마음에 새기라. "나를 따르려거든 자기 십자가를 지라." 예수님은 우리에게 "Come and die" 죽음으로 초대하고 계신다. 예수님은 예수님을 따르려면, 예수를 믿으려면 자기를 부인하고 자기 십자가를 지고 죽어야 함을 분명하게 말씀하신다.

이런 말씀을 하셨을 때 그 분위기가 얼마나 썰렁했겠는가? 예수님 주변에 있는 자들은 예수님을 따르면 축복받는 줄 알았다. 특히 제자들은 예수님을 따르면 이 세상에서 한자리하는 줄 알았다. 그런데 죽어야 한다니 아마 긴장이 흘렀을 것이다. 현대인들의 설교는 복 받는 것이나 성공하는 것이나 달콤한 위로가 많다. 반대로 내가 죽어야 하는 십자가 메시지는 인기가 없다. 죽음을 말하는 십자가 메시지는 현대인이 좋아하지 않는다. 그러나 예수님은 나를 부인하고 내가 죽어야 하는 십자가 메시지를 전하셨다.

예수가 주인이 되기 전에 먼저 내가 죽어야 한다. 내가 죽지 않고는 예수가 주인이 될 수 없다. 주인이 둘인 집은 망하게 되어 있다. 반드시 한 명이 주인이 되어야 한다. 예수가 주인이 되려면 먼저 내가 죽는 것을 선택해야 한다. 예수님의 제자들은 모두 세상에서 성공한 자가 아니라 자기 자신이 죽은 자들이다.

마태는 에티오피아에서 칼에 맞아 죽었다. 마가는 이집트의 알렉산드리아에서 말에 끌려다니다가 죽었다. 누가는 그리스에서 교수형으로 죽었다. 베드로도 십자가에 거꾸로 매달려 죽었다. 도마는 인도에서 창에 찔려 죽었다. 야고보는 헤롯의 칼에 죽었다. 예수님의 친동생 야고보는 돌에 맞아 죽었다. 안드레는 X자형 십자가에 매달려 죽었다.

예수를 따르는 것은 자기 자신이 죽는 것이다. 이론으로 죽는 것이 아니다. 정말 내가 죽는 것을 말한다. 사람은 누구나 이 세상에서 편안하고 행복하게 살고 싶어 한다. 본능적으로 우리는 십자가보다 편안함을 추구하는 존재다. 우리는 이 세상의 성공이나 이 세상에서 조금 더 나은 삶을 살기 위해 예수를 믿는 것이 아니다. 예수를 믿는 것은 나 자신을 죽이고 예수를 주인으로 모시는 것이다. 예수님은 예수를 따르려면 먼저 자기 자신이 죽어야 함을 말한다. 우리의 세상의 꿈, 세상의 욕심, 세상의 계획이 죽어야 한다.

예수를 믿어도 변하지 않는 이유는 딱 한 가지다.
그것은 자아가 죽지 않았기 때문이다.

나는 목사여서 많은 장례 예배를 집례하였다. 하관식 전에 시신을 바라보면 참 많은 생각이 밀려온다. 죽은 사람은 남의 이목에 아무런 신경을 쓰지 않는다. 멋진 옷에도 관심 없다. 은행 계좌에 돈이 얼마나 있는지도 관심 없다. 죽은 사람은 염하는 사람이 하자는 대로 그냥 움직인다. 꽁꽁 묶어도 아무런 반응을 하지 않는다. 부끄러움이 없다. 죽은 사람은 억울함도 섭섭함도 없다.

당신은 혹시 매일 부부싸움을 하는가? 매일 직장에서 문제를 일으키는가? 매일 염려, 근심, 걱정, 두려움 속에 사는가? 그렇다면 당신은 아직 '내가' 죽은 자가 아니다. 예수를 믿는다면 제일 먼저 '내가' 죽어야 한다. 당신 주변에 성자라고 불리는 사람이 있는가? 그 사람은 '내가'라는 자아가 죽은 사람이다. 예수 믿는 자는 내가 주인 되어 사는 내 옛사람이 죽어야 함을 성경은 말한다.

> "우리가 알거니와 우리의 옛사람이 예수와 함께 십자가에 못 박
> 힌 것은 죄의 몸이 죽어 다시는 우리가 죄에게 종노릇 하지 아
> 니하려 함이니"(롬 6:6).

바울이 말하는 옛사람은 아담을 말한다. 아담이 물려준 '내가
주인 된 삶'을 말한다. 내가 어릴 때 고난 주간이 되면 우리 교회 권
사님들이 예수님의 십자가 사건을 기억하면서 예수님이 얼마나 아
프셨을까 하며 우셨던 모습이 기억난다. 바울은 이런 감상적인 십
자가 사건을 말하는 것이 아니다. 바울은 예수님이 십자가에 못 박
히신 것은 예수님 혼자만 죽은 것이 아니라 내 멋대로 살려고 하는
나의 옛사람도 함께 십자가에 달려 죽어야 함을 말한다.

> "이와 같이 너희도 너희 자신을 죄에 대하여는 죽은 자요, 그리
> 스도 예수 안에서 하나님께 대하여는 살아 있는 자로 여길지어
> 다"(롬 6:11).

여기에 '여겨야 한다'는 것은 'Must be consider'(반드시 그렇
게 여겨야 한다)라는 뜻이다. 즉 예수 믿는 자는 예수를 믿는 순간
반드시 자신을 '예수와 함께 십자가에 못 박혀 죽은 자'로 여겨야

한다고 말한다.

우리 교회에서 한 성도는 "예수를 정말 바로 믿으려면 죽어야 한다"는 말씀을 듣고 이렇게 고백했다. "제가 예수 믿은 지 10년이 되었지만 변하지 않았던 이유가 바로 예수님을 입으로만 영접했지 내 자아가 죽지 않았기 때문인 것을 이제야 알았습니다."

그분은 덧붙여 "처음 예수를 믿을 때 예수를 믿으면 영원히 산다는 것만 들었지 자기 자신이 죽어야 한다는 말은 그 어디에서도 들을 수 없었습니다"고 말했다. 당신은 진짜 예수를 따르길 원하는가? 정말 예수와 함께 살길 원하는가? 그렇다면 당신 자신을 부인하고 십자가를 지라. 당신 자신을 먼저 죽여라.

C. S. 루이스는 그의 책 「순전한 기독교」에서 이렇게 기록했다. "그리스도께서 이렇게 말씀하십니다. '내게 전부를 달라. 너의 시간과 돈 일의 일부는 필요 없다. 나는 너의 전부를 원한다. 나는 너의 육신을 고문하기 위해서가 아니라 죽이기 위해 왔노라. 미봉책은 전혀 소용없다. 여기저기를 가지치기해도 소용없다. 나는 너라는 나무 전체를 아예 뽑아내길 원한다.'" 맞다. 예수님은 내 안에 있는 나를 송두리째 다 뽑아내고 내 안에 들어오길 원하신다.

예수를 믿는 자는 내가 죽고
내 안에 예수님이 주인으로 사는 사람이다

예수를 믿고도 여전히 똑같은 삶을 산다는 것은 예수님이 마음에 들어오시긴 하였지만 예수님이 손님이거나 방문객이지 내 주인이 되지 않았다는 방증이다. 예수를 믿는다는 것은 내 안에 내가 주인인 것을 빼내고 예수를 주인으로 모시는 것이다. 즉 주인을 바꾸는 것이다. 다시 말하면 나 자신을 믿고 살다가 예수를 믿고 사는 것이다. 우리는 예수를 믿는다고 말하여도 내 실력을 믿고 내 직장을 믿고 내 능력을 믿고 산다. 이것은 진정한 의미의 예수를 믿는 것이 아니다.

사울이라는 사람은 이 세상 성공을 위해 살았다. 그는 유대인이지만 재벌 2세로 태어났기에 로마 시민권을 가졌다. 아마 아버지가 그에게 로마 시민권을 사주었던 것 같다. 그는 그 당시에 정말 들어가기 힘든 가브리엘 학교에 들어갔다. 지금 같으면 하버드 대학에 입학한 것이다. 누가 보아도 장래가 촉망되는 젊은이였다. 그는 다소에서 살다가 유대의 수도인 예루살렘으로 들어가 바리새인이 되었다. 지금으로 말하면 국회의원이 된 것이다. 그 당시 예루살렘 명사록에 기록될 만큼 세상적으로 성공한 삶이었다. 그러나 그는 그것에 만족하지 않았다.

유대 사회에서 성공하려면 종교계의 인정이 필요하다는 것을 알고 있는 그는 종교계를 노크했다. 종교계는 요즘 기독교인 때문에 골치 아픈데 그들을 체포해 준다면 성공하도록 도와주겠다고 하였다. 사울은 그날부터 예수 믿는 자들을 어린이나 노인이나 할 것 없이 붙잡아서 채찍질하며 잡아갔다. 사울의 관심은 세상의 성공이었다. 사울은 스데반이라는 사람이 자기 눈앞에서 돌에 맞아 비참하게 죽어가고 있을 때도 눈 하나 깜짝하지 않았다. 그의 관심은 오로지 성공, 성공이었다. 그런 그가 다메섹에서 예수를 만난 뒤 지금까지 자신이 중요하게 생각했던 가문, 학문, 지식, 성공 등 모든 것을 배설물로 여겼다.

"내가 그를 위하여 모든 것을 잃어버리고 배설물로 여김은 그리스도를 얻고 그 안에서 발견되려 함이니"(빌 3:8-9).

'배설물로 여겼다' 는 것은 다시는 쳐다보지 않겠다는 뜻이다. 바울은 예수를 만난 뒤 자기 안의 자신이 죽고 예수가 산 것이다. 그는 나중에 이런 고백을 하게 된다.

"내가 그리스도와 함께 십자가에 못 박혔나니 그런즉 이제는 내가 사는 것이 아니요. 오직 내 안에 그리스도께서 사시는 것이라. 이제 내가 육체 가운데 사는 것은 나를 사랑하사 나를 위하여 자기 자신을 버리신 하나님의 아들을 믿는 믿음 안에서 사는 것이라"(갈 2:20).

바울은 자기 자신은 십자가에 못 박혀 죽었고 이제는 자기 안에 그리스도인 예수님이 산다고 고백하고 있다. 그는 오로지 하나님의 아들(주인)을 믿고 산다고 말하였다. 예수를 믿는다는 것은 내 안에 내가 죽고 예수님이 주인으로 사신다는 것이다. 사도 바울은 가는 데마다 기적이 일어나고 병든 자가 낫고 귀신 들린 자가 치유되고 독사에 물려도 죽지 않고 날마다 하나님의 음성이 부어져서 성경 13권을 쓰는 위대한 삶을 살았다.

바울이 모신 예수님이나 우리가 모신 예수님이나 다 똑같은데 왜 우리 삶은 초라한가? 그것은 여전히 예수를 믿어도 내 안에 내가 살아서 그렇다. 내 안에 내가 주인으로 사는 사람과 내 안에 예수가 주인으로 사는 사람은 너무나 다르다. 우리는 모두 내 안에 내가 죽고 예수가 살아야 한다. 내 안에 내가 죽고 예수가 주인으로 사시면 놀라운 삶이 펼쳐진다.

조그마한 말에도 성질부린다면 내가 살아 있는 자이다. 말끝마다 '내 생각에는 내 생각에는' 하며 자기를 드러내는 자는 여전히 내가 살아 있는 자이다. 내가 드러날 때마다 나를 죽이고 조용히 예수님의 생각을 물어보는 시간을 가져보라. 당신이 예수를 믿었다면 분명 당신 안에 예수님이 계신다. 이제 내 생각, 내 고집, 내 욕심을 버리고 예수님을 드러내야 한다.

부부 사이에 자꾸 다툼이 일어나는가? 남편의 자아가 죽으면 아내가 예수님을 만난다. 아내의 자아가 죽으면 남편이 예수님을 만난다. 당신이 예수를 믿는다면 예수가 드러나야 한다. 예수 믿기 전에는 내 마음대로 행동하였지만 예수를 믿은 이후에는 내 안에 사시는 예수님에게 순종해야 한다.

순종에는 노력해서 하는 순종이 있고 죽어서 하는 순종이 있다. 내가 노력해서 하는 순종은 오래가지 못한다. 예수님은 우리에게 노력해서 순종하라고 하시지 않고 죽으라고 하셨다. 십자가는 예수님과 함께 내 자아가 죽었음을 선포하는 장소다. 바울은 "내가 그리스도와 함께 십자가에 못 박혔다"고 하였다. 우리는 십자가에서 완전히 죽었다. 죽은 척하는 것이 아니다. 노력으로 순종하는 것은 죽은 척하는 것이다. 이 죽은 척하는 것에는 아무런 능력이 없다. 정말 죽어야 한다.

한번은 미국에 가서 리더 세미나 집회에 참석하였다. 미국에 도착하자마자 세미나에 참석하였는데 시차 적응이 안 되어 잠이 쏟아졌다. 집회 시간에 꾸벅꾸벅 졸았다. 그날 밤에 자려고 누웠는데 시차 적응이 안 되니 잠이 하나도 안 오고 눈만 감고 있다가 그만 새벽이 되었다. 그리고 집회에 참석하였는데 잠이 오기 시작했다. 꼬집어도 안 되고 할 수 없이 그냥 졸았다. 그날 밤에는 아예 욕실에 물을 받고 탕에 들어가서 몸을 노곤하게 만들었다. 그리고 침대에 누웠는데 잠이 오지 않았다.

그다음 날 집회에 참석하여 강의를 듣는데 여전히 잠이 쏟아졌다. 하나님께 물어보았다. "하나님 왜 이렇게 잠이 오지요. 어제 분명 누웠는데요." 그러자 잠시 후 '잠을 자지 않아서 그렇다' 는 생각이 들었다. 순간 이런 지혜가 떠올랐다. '누워 자는 척하는 것은 아무런 소용이 없다. 진짜 자야 한다. 진짜 자야 에너지가 생긴다.' 마찬가지로 내가 겸손한 척하는 것은 소용없다. 내가 진짜 죽어야 한다. 큰 깨달음이 왔다. 예수 믿는 것은 도 닦는 것이 아니다. 예수 믿는 것은 인격 수양하는 것도 아니다. 내가 죽고 내 안에 주님이 살아야 한다.

내가 죽는 것은 그리 어려운 일이 아니다. 내가 십자가에서 죽었음을 받아들이는 것이다. 성경은 예수님께서 십자가에 죽는 순간 내가 죽었다고 말한다.

"우리가 알거니와 우리 옛사람이 예수와 함께 십자가에 못 박힌 것은 죄의 몸이 멸하여 다시는 우리가 죄에게 종노릇하지 아니하려 함이니"(롬 6:6).

나는 예수님이 십자가에 못 박혀 죽으실 때 나의 옛사람도 죽었다. 찬송가 중에 이런 찬양이 있다.

구주와 함께 나 죽었으니 구주와 함께 나 살았도다.
영광의 기약이 이르도록 언제나 주만 바라봅니다.

언제나 주는 날 사랑하사 언제나 새 생명 주시나니
영광의 기약이 이르도록 언제나 주만 바라봅니다.

그렇다. 우린 예수님을 믿는 순간 내 옛사람이 죽었다. 그리고
내 안에 예수가 살았다.

어거스틴은 젊었을 때 하나님을 떠나 방탕한 삶을 살았다. 하루
는 어린아이들의 울음소리가 들렸다. 그 울음소리가 "성경을 집어
읽어라"는 소리로 들렸다. 그래서 눈에 띄는 성경을 펴서 읽었는데
그 말씀이 바로 로마서 13장 13절 말씀이었다.

"낮에와 같이 단정히 행하고 방탕하거나 술 취하지 말며 호색하
지 말며 다투거나 시기하지 말고."

그는 그 말씀에 깨어졌다. 그는 예수를 주인으로 영접했다. 그
후 길을 가다가 예전에 같이 어울렸던 창녀를 만났다. 창녀가 그의
이름을 부르며 따라오자 그는 "나는 죽었어, 이전의 어거스틴은 죽
었어"라고 말하며 가버렸다.

당신 앞에 죄가 나타났는가? 먹음직스러운가? 보암직스러운
가? 탐스러운가? 반응하지 말라. 당신은 그 세상 유혹에 대해 이미

죽었다. 죽었음을 알아야 한다. 내가 죽고 내 안에 예수님이 살아야 한다. 누가 당신을 성질나게 하는가? 반응하지 말라. 당신은 죽었다. 당신 속에 예수님이 살아나야 한다. 매 순간 내 안에 예수님이 살게 하라. 놀라운 일이 일어날 것이다. 내가 죽으면 예수님이 산다. 내가 죽고 예수님이 살면 놀라운 일이 일어난다. 내가 죽고 예수님이 살면 모든 것이 다 천국으로 변한다.

"그리스도 예수의 사람들은 육체와 함께 그 정과 욕심을 십자가에 못 박았느니라"(갈 5:24).

성질이 날 때마다 "예수님, 이 순간 나의 주인이 되어 주십시오"라고 기도하라. 염려와 두려움이 올 때마다 "예수님, 이 순간 나의 주인이 되어 주십시오"라고 기도하라. 이렇게 기도하라. "이제부터 예수님이 저의 주인이 되어 주십시오. 저를 도구 삼아 제 가족을 만나주옵소서. 저를 도구 삼아 우리 교우들을 만나주옵소서. 저는 죽고 제 안에 예수님만 살게 하옵소서. 예수님의 이름으로 기도합니다."

내가 죽으면 죽는 것으로 끝나지 않는다. 십자가 뒤에는 반드시 부활의 승리가 온다. 내가 죽으면 부활의 승리가 나타날 것이다. 내가 죽고 예수가 살면 생명이 드러날 것이다. 내가 죽고 예수가 살면 치유가 일어날 것이다. 내가 죽고 예수가 살면 능력이 드러날 것이다. 내가 죽고 예수가 살면 역동적인 삶이 펼쳐질 것이다.

하나님은 당신의 작은 왕국을 허물고 예수님 나라를 이루길 원하신다. 당신의 초점을 당신 자신이나 자녀나 배우자에게 두지 말고 당신의 주인이신 예수님에게 두라. 내가 사라지고 예수님이 드러나는 삶이 천국이다.

예수님에게 집중하면 인생이 쉬워진다. 예수님이 주인이 되시면 모든 것에 답이 있다. 예수님은 선하신 분이다. 예수님은 사랑의 근원이시다. 예수가 주인이 된 자는 선함이 나타나고 사랑이 나타날 것이다. 그분을 주인으로 모시고 그분에게 순종하는 것은 축복이다.

> "우리 살아 있는 사람들이 항상 예수 때문에 죽음에 넘겨지는 것은 예수의 생명 또한 우리의 죽을 육체 안에 나타나게 하려는 것입니다."(고후 4:10-11, 우리말 성경)

예수를 따르려면
날마다 내가 죽는 것을 선택해야 한다

예수님은 예수님을 따르려면 날마다 십자가를 지고 따라야 함을 말씀한다.

"아무든지 나를 따라오려거든 자기를 부인하고 날마다 제 십자가를 지고 나를 따를 것이니라"(눅 9:23).

나 자신이 죽는 것은 한 번만 죽는 것이 아니다. 예수님과 함께하는 삶이란 한 번의 결단으로 되는 것이 아니다. 결혼도 마찬가지다. 부부가 함께하는 것을 결혼식장에서 결혼식 한 번 올렸으니 '끝났다' 라고 하면 안 된다. 결혼식 이후 계속 매일 매일 함께하는 것이 중요하다. 우리가 예수님을 따른다는 것은 나 자신이 한 번 죽는 것으로 끝나는 것이 아니다. 매일 매일 내가 죽고 내 안에 예수가 주인으로 살아야 한다.

매일 죽는 것이 무엇인가? 매일 죽는 것은 산속에 들어가 세상과 단절하고 목탁을 두드리는 승려들처럼 있어야 하는 것이 아니다. 매일의 일상생활 속에서 내가 죽는 것을 선택하는 것이다. 예수를 믿는 자들이 외치는 슬로건은 "매일 죽으라!"이다.

아프리카 부족이 사는 곳에 한 선교사가 들어가 복음을 전했다. 많은 시간이 흐르고 그 마을에 성경 공부하려고 오는 사람이 생기기 시작했다. 그 마을의 추장 부인도 예수를 믿었고 그 성경 공부 모임에 참석하게 되었다. 이것을 알게 된 추장은 몹시 화를 내면서 자신의 아내에게 다시는 그 성경 공부 모임에 가지 말라고 하였다. 만약 다시 한번 더 그 모임에 가면 죽이겠다고 엄포를 놓았다.

그러나 추장 부인은 또다시 그 모임에 참석하였다. 추장은 부인이 있는 곳에 찾아가 부인을 데리고 나와 구타하고 숲속에 던져버렸다. 밤이 되자 추장은 부인이 생각이 나서 쓰러진 부인에게 찾아왔다. 추장은 부인을 껴안고 다시는 그 모임에 가지 말라고 말하였다. 그러자 부인은 추장에게 "내 속에 있는 그분이 당신을 용서하고 사랑하라고 하네요"라고 말했다. 추장은 깜짝 놀랐다. "도대체 당신 속에 있는 그분이 누구기에 이런 말을 하게 하는가?" 그는 선교사를 찾아와 말씀을 듣고 세례를 받았다. 그 후 추장은 자기 마을의 모든 사람이 다 예수를 믿도록 하였다.

내가 죽으면 주님의 음성을 듣고 순종하게 된다. 내가 죽으면 내가 사랑할 수 없는 자를 사랑하게 된다. 내가 죽으면 품을 수 없는 자를 품게 된다. 날마다 죽는 것은 오늘 주님께서 하라고 하시는 말씀에 곧바로, 즉시, 절대 순종하는 것이다. 이것은 내 노력으로만 되는 것이 아니다. 내 안에 주님이 내 주인이 되시면 된다. 내 안에 주님이 주인 되시면 성령께서 도와주실 것이다.

날마다 죽는 것은 한번 노력하다 그만두는 것이 아니다. 당신이 예수님 주변을 맴도는 구경꾼에서 예수님을 따르는 자가 되려면 날마다 죽어야 한다. 매일 아침 주님 앞에 엎드려 "나는 죽고 내 안에 예수가 산다"고 말하라.

사도 바울은 어떻게 1차, 2차, 3차 전도여행을 계속하였고, 가는 곳마다 수많은 교회를 세울 수 있었을까? 유대인 중에는 바울을 암살하지 못하면 식음을 전폐하겠다는 자들이 40명이나 있었다. 그가 타고 가는 배가 파선해 일주일이 넘도록 흑암 속에 지내기도 하였다. 복음을 전한다는 이유로 돌에 맞아 기절하기도 하였다. 심한 채찍질을 당하고 깊은 감옥에도 갇혔다. 어떻게 사도 바울은 그 숱한 고난 속에서 2만 km가 넘는 그 엄청난 전도여행을 멈추지 않는 열정으로 감당할 할 수 있었을까? 바울은 이렇게 외친다.

"내가 그리스도 예수 우리 주 안에서 가진 바 너희에 대한 나의 자랑을 두고 단언하노니 나는 날마다 죽노라"(고전 15:31).

바울은 날마다 죽는 자로 살았기에 바울을 통해 놀라운 열매가 맺어진 것이다. 바울이 말한 '날마다 죽노라'는 말은 고린도전서 15장에 기록되었다는 것을 기억해야 한다. 고린도전서 15장은 부활장이다. 부활하려면 전제조건이 있는데 먼저 죽어야 한다고 말한다. 날마다 내가 죽으면 부활의 은혜가 있다. 예수님은 십자가를 지시기 전에 먼저 죽어야 함을 밀알의 비유로 말씀하셨다.

"내가 진실로 진실로 너희에게 이르노니 한 알의 밀이 땅에 떨어져 죽지 아니하면 한 알 그대로 있고 죽으면 많은 열매를 맺느니라"(요 12:24).

예수를 믿어도 내 삶에 열매가 없는 것은 내가 죽지 않아서 그렇다. 내가 죽으면 열매가 넘치게 열리게 된다. 날마다 죽으려면 어떻게 해야 하는가? 오늘 하루 죽으면 된다. 하루가 모여 전 인생이 된다. 오늘 하루 내 욕심을 죽이라. 오늘 하루 내 교만을 죽이라. 오늘 하루 내 자랑을 죽이라. 오늘 하루 남 비난하는 것에 대해 죽으라. 오늘 하루 내 죄에 대해 죽으라. 오늘 하루 내가 죽고 내 안에 예수가 살면 날마다 죽게 된다. 내가 죽으면 예수님처럼 된다. 내가 죽으면 내 주변이 천국이 된다. 내가 죽어 이 땅에서 천국처럼 살다가 천국에 들어가라. 당신 책상 앞에 이렇게 써 놓으라.

"나는 날마다 죽노라."

우리가 날마다 죽는 길을 가면 분명 하나님의 능력이 나타난다.

"십자가의 도가 멸망하는 자들에게는 미련한 것이요 구원을 받는 우리에게는 하나님의 능력이라"(고전 1:18).

수십 년 예수를 믿었지만 아직 한 번도 내 자아가 죽어본 적이 없는가? 예수를 잘못 믿고 있는 것이다. 나는 죽었는지 잘 모르겠다는 분이 있는가? 사람이 죽으면 모든 사람이 다 안다. 주변은 물론이거니와 외국에 있는 먼 친척까지도 알게 된다. 예수를 믿는다면 제일 먼저 나 자신을 죽여야 한다. 왜 예수님은 예수 믿는 자는 다 세례를 받으라고 말씀하셨는가?

"예수께서 나아와 말씀하여 이르시되 하늘과 땅의 모든 권세를 내게 주셨으니 그러므로 너희는 가서 모든 민족을 제자로 삼아 아버지와 아들과 성령의 이름으로 세례를 베풀고 내가 너희에게 분부한 모든 것을 가르쳐 지키게 하라. 볼지어다. 내가 세상 끝날까지 너희와 항상 함께 있으리라 하시니라"(마 28:18-20).

세례는 내가 죽고 내 안에 예수가 사는 것이다. 예수님은 초대 교회 교인들이 로마인에게 어마어마한 핍박을 받게 될 것을 다 아셨다. 그런데도 강물에 들어가서 세례를 받으라고 명령하셨다. 로마인들은 기독교인을 체포하기 위해 멀리 찾아가지 않아도 되었다. 요단강에서 기다리면 교인들이 세례를 받으려고 왔다. 그들은 목숨을 걸고 세례를 받았다. 그만큼 세례는 중요한 것이다.

세례는 내가 죽는 것을 선택하는 것이고 내가 죽는 것은 모든 사람에게 선포하는 것이다. 우리는 매일 내가 죽는 것을 목숨을 걸고 선택해야 한다. 오늘 나 자신을 부인하고 나를 십자가에 죽이라. 오늘이 기회다. 오늘 죽으라. 그러면 내 안에 예수가 살 것이다. 우리의 참 보배는 내가 아니라 내 안에 사시는 예수님이시다.

"우리가 이 보배를 질그릇에 가졌으니 이는 심히 큰 능력은 하나님께 있고 우리에게 있지 아니함을 알게 하려 함이라"(고후 4:7).

자기 그릇에 집중하지 말라. 어차피 내 그릇은 깨어지기 쉬운 질그릇이다. 우리는 내 그릇에 집중할 것이 아니라 내 안에 계신 보배로운 예수에게 집중해야 한다. 내가 죽고 보배이신 예수가 내 안에 사는 것이 예수를 믿는 것이고 예수를 따르는 것이다. 그런 사람에게 능력이 나타나고 그가 천국에 가게 된다. 아무리 교회를 오래 다녀도 그 안에 예수가 없는 사람은 천국에 갈 수 없다.

예수님 주위를 맴돌고 무엇인가 유익을 얻기 위해 따라만 다니는 구경꾼이 되지 말라. 예수를 이용하려고 하지 말라. 예수에게 이용당하는 자가 되라. 내가 죽어야 내 안에 예수가 산다. 예수님은 우리의 주인을 바꾸길 원하신다. 한 번밖에 살지 않는 인생 하루라도 빨리 내가 죽고 내 안에 예수가 사는 인생을 살라.

하루 예수가 주인 된 자는 날마다 예수가 주인 될 수 있다. 어제까지의 당신 인생을 다 예수의 피로 깨끗이 씻고 오늘 다시 예수가 주인 된 삶을 새롭게 시작하라. 내가 죽으면 부활이 있다. 내가 죽으면 기적이 있다. 내가 죽으면 천국이 시작된다. 교회에 오래 다녀도 변하지 않는 사람은 '내가'라는 자아, 즉 옛사람이 죽지 않은 사람이다.

짐 베커는 1970년대와 80년대에 미국 기독교에서 가장 영향력 있는 사람 중 하나였다. 카터 대통령에서 레이건, 아버지 부시 대통령에 이르는 미국 대통령들의 친구이기도 했다. 그가 설립한 텔

레비전 네트워크인 PTL(Praise To Lord)은 미국과 전 세계의 1,400만이 넘는 가정에서 수신했고, 미국 최대 규모의 신앙수양관이라고 할 수 있는 310만 평 규모의 헤리티지 USA를 비롯하여 수많은 기독교 사역을 하고 있었다. 그는 미국에서 가장 큰 교회당을 짓고 있었고 헤리티지 USA는 성장을 멈출 줄 몰랐다.

짐 베커가 던진 메시지의 핵심은 성공 복음, 기복신앙이었다. 그러나 그 정점에서 그는 성범죄로 45년형을 선고받고 나이 50이 되어서 감옥에 갔다. 미국에서 가장 화려한 목회를 하던 사람 중 하나였고 가장 영향력 있는 목회자였던 그가 감옥에 가자 짐 베커라는 이름은 졸지에 미국에서 가장 추악한 이름의 대명사가 되었다. 그는 감옥에 있는 동안 전 재산을 날렸을 뿐만 아니라 소송에 패함으로써 우리나라 돈으로 2,000억이 넘는 채무를 지게 되었다. 아내는 그를 떠났고 아들은 마약과 술에 빠졌다.

짐 베커는 이렇게 죽음과 자살을 생각하지 않을 수 없는 처지에 놓였지만, 감옥에서 성경을 다시 읽기 시작했다. 그는 성경에서 하나님이 원하시는 것은 성공이나 기복이 아니라 하나님과의 친밀한 관계임을 알았다. 마침내 그는 "내가 틀렸었다!"라고 과감하게 고백하고 「내가 틀렸다」는 책에서 이렇게 기록하였다.

"나는 몇 년 동안 그릇된 교리를 설교하고 있었고 그러는지도 알지 못했습니다! 나는 사람들이 돈과 성공에 빠지도록 가르침으로 주님의 말씀과 정반대의 짓거리를 하고 있었습니다. 나는 교묘하게 사람들에게 예수님보다는 물질에 마음을 두도록 독려했습니다. 나는 예수 그리스도를 나의 구주로 영접했고 나의 입술로 그분을 '주'(主)님이라고 불렀지만, 나의 가슴과 삶에서 그분이 나의 주(主)가 아니었음을 깨달았습니다."

짐 베커는 그가 있는 감옥에 찾아온 친구에게 이렇게 말했다.

"이 감옥은 내 인생에 대한 하나님의 심판이 아니라 그분의 자비라네, 내가 만약 가던 길을 계속 갔다면 틀림없이 지옥에 가게 되었을 걸세. 나는 항상 예수님을 사랑했네. 하지만 그분이 내 주인은 아니었어. 나와 같은 사람이 미국에만도 수없이 많을 거야."

당신이 아무리 유명한 목회자라고 하여도 예수님이 주인이 안 된다면 그 신앙은 단지 껍데기에 불과하다. 매일 매 순간 예수가 주인이 되게 하라. 한번 상상해 보라. 당신 가정에 예수가 몇 명이 있다면 어떻게 되겠는가? 당신 교회에 예수가 가득하다면 어떻게 되겠는가? 당신 동네에 예수가 가득하다면 어떻게 되겠는가? 천국이 펼쳐질 것이다.

날마다 죽는 것을 선택하라

1. 예수를 믿어도 변하지 않는 이유는 (   ) 죽지 않았기 때문이다.

2. 로마서 6장 6절에 나오는 옛사람에 대해 나누어 보라.

3. 로마서 6장 6절을 암송해서 써보라.

4. 내 삶에 열매를 많이 맺으려면 어떻게 해야 하는가? (요 12:24)

5. 세례받는 이유가 무엇인가?

6. 지금 당신이 매일 자아가 죽은 자로 살기 위해 기도하는 시간을 가지라.

S·E·C·T·I·O·N·5

—

예수를 왕으로 모시라

$$* \quad * \quad * \quad * \quad *$$

"그들이 예수를 맡으매 예수께서 자기의 십자가를 지시고 해골 (히브리 말로 골고다)이라 하는 곳에 나가시니 그들이 거기서 예수를 십자가에 못 박을새 다른 두 사람도 그와 함께 좌우편에 못 박으니 예수는 가운데 있더라. 빌라도가 패를 써서 십자가 위에 붙이니 나사렛 예수 유대인의 왕이라 기록되었더라. 예수께서 못 박히신 곳이 성에서 가까운 고로 많은 유대인이 이 패를 읽는데 히브리와 로마와 헬라 말로 기록되었더라. 유대인의 대제사장들이 빌라도에게 이르되 유대인의 왕이라 쓰지 말고 자칭 유대인의 왕이라 쓰라 하니 빌라도가 대답하되 내가 쓸 것을 썼다 하니라"(요 19:17-22).

창조주 하나님은 온 우주와 지구와 사람을 만드시고 모든 나라를 다스리시는 만왕의 왕이시다. 하나님은 사람에게 "모든 것을 마음대로 먹되 선악과는 먹지 말라"고 하셨다. 그 약속을 지킴으로 사람이 하나님의 권위 아래 있음을 증명하는 것이다. 그런데 사탄은 하와에게 하나님께서 금지하신 선악과를 먹으면 더는 하나님의 권위 아래 있을 필요가 없고 오히려 하나님처럼 된다고 유혹하였다. 하와는 이 유혹에 넘어가 선악과를 먹고 하나님으로부터 독립하고 말았다. 그것이 성경이 말하는 죄의 뿌리다. 죄는 나의 왕이신 하나님을 떠나 내가 왕이 되어 내 마음대로 사는 것이다.

창세기 3장에 보면 하나님께서 하와를 유혹한 사탄을 저주하시고 진짜 왕이신 메시아가 여자의 후손으로 태어나 사탄의 머리를 상하게 할 것이라고 말씀하신다.

"내가 너로 여자와 원수가 되게 하고 네 후손도 여자의 후손과 원수가 되게 하리니 여자의 후손은 네 머리를 상하게 할 것이요. 너는 그의 발꿈치를 상하게 할 것이니라 하시고"(창 3:15).

이 말씀은 메시아이신 예수님이 여자의 후손으로 오실 것, 즉 남자의 피를 물려받지 않고 동정녀 마리아에게서 태어날 것을 예언하신 것이다. 하나님은 아브라함의 14대손인 다윗에게서 예수님이 왕으로 태어나실 것을 예언하신다.

"여호와의 말씀이니라. 보라. 때가 이르리니 내가 다윗에게 한 의로운 가지를 일으킬 것이라. 그가 **왕**이 되어 지혜롭게 다스리며 세상에서 정의와 공의를 행할 것이며"(렘 23:5).

구약성경에서는 예수님이 태어나실 것을 예언하면서 예수님이 왕이며 주이심을 말하였다.

"여호와께서 내 **주**에게 말씀하시기를 내가 네 원수들로 네 발판이 되게 하기까지 너는 내 오른쪽에 앉아 있으라 하셨도다"(시 110:1).

"만군의 여호와가 이르노라. 보라. 내가 내 사자를 보내리니 그가 내 앞에서 길을 준비할 것이요. 또 너희가 구하는 바 **주**가 갑자기 그의 성전에 임하시리니 곧 너희가 사모하는 바 언약의 사자가 임하실 것이라"(말 3:1).

"이는 한 아기가 우리에게 났고 한 아들을 우리에게 주신 바 되었는데 그의 어깨에는 정사를 메었고 그의 이름은 기묘자라, 모사라, 전능하신 하나님이라, 영존하시는 아버지라, 평강의 **왕**이라 할 것임이라"(사 9:6).

"시온의 딸아 크게 기뻐할지어다. 예루살렘의 딸아 즐거이 부를지어다. 보라. 네 **왕**이 네게 임하시나니 그는 공의로우시며 구원을 베푸시며 겸손하여서 나귀를 타시나니 나귀의 작은 것 곧 나귀 새끼니라"(슥 9:9).

"베들레헴 에브라다야. 너는 유다 족속 중에 작을지라도 이스라엘을 **다스릴 자**가 네게서 내게로 나올 것이라. 그의 근본은 상고에, 영원에 있느니라"(미 5:2).

"여호와의 말씀이니라. 보라. 때가 이르리니 내가 다윗에게 한 의로운 가지를 일으킬 것이라. 그가 **왕**이 되어 지혜롭게 다스리며 세상에서 정의와 공의를 행할 것이며"(렘 23:5).

예수님은 구약의 예언대로 아브라함과 다윗 왕가의 후손으로 왕으로 태어나셨다. 마태복음 1장 1절은 이것을 아주 분명하게 말씀하신다.

"아브라함과 **다윗**의 자손 예수 그리스도의 계보라."

마태복음 2장에 보면 예수님이 태어나실 때 동방박사들이 하늘의 별이 움직이는 것을 보고 유대 땅으로 찾아와 왕궁에 가서 왕이 태어난 곳이 어디냐고 헤롯에게 물었다.

"헤롯 왕 때에 예수께서 유대 베들레헴에서 나시매 동방으로부터 박사들이 예루살렘에 이르러 말하되 **유대인의 왕**으로 나신 이가 어디 계시냐"(마 2:1-3).

이 일로 온 유대가 발칵 뒤집혔다. 왜냐하면 헤롯 궁전에서는 왕자가 태어나지 않았기 때문이다. 예수님이 태어나시기 전 천사가 마리아에게 나타나 예수를 임신할 것을 알려줄 때 아기 예수님은 지극히 높으신 이의 아들이시며 그 아들이 다윗의 왕위를 가진 왕이라고 말한다.

> "보라. 네가 잉태하여 아들을 낳으리니 그 이름을 예수라 하라. 그가 큰 자가 되고 **지극히 높으신** 이의 아들이라 일컬어질 것이요 주 하나님께서 그 조상 **다윗의 왕위**를 그에게 주시리니"(눅 1:31-32).

여기에 '지극히 높으신 이의 아들', 즉 하나님의 아들과 왕을 같이 사용하고 있음을 알 수 있다. 그리고 그 아기 예수가 영원히 왕으로 다스리는 자가 될 것을 말씀하신다.

> "영원히 야곱의 집을 **왕으로** 다스리실 것이며 그 나라가 무궁하리라"(눅 1:33).

예수님은 왕으로 태어나셨다. 예수님께서 처음 공생애를 시작하실 때 요단강에서 세례 요한에게 세례를 받으셨다. 그때 하늘에서 한 음성이 들렸다.

"하늘로부터 소리가 있어 말씀하시되 이는 내 사랑하는 아들이
요 내 기뻐하는 자라 하시니라"(마 3:17).

예수님은 '하나님의 아들'로, 즉 '왕'으로 사역을 시작하셨다.
예수님은 공생애 3년 반을 마치시면서 마지막으로 예루살렘성으
로 입성하실 때 겸손의 상징인 나귀를 타고 왕으로 들어가셨다. 예
수님이 오시기 500년 전에 이미 스가랴 선지자는 앞으로 오실 메
시아인 예수님이 왕으로 나귀를 타고 예루살렘에 입성하실 것을
예언하였다.

"시온의 딸아 크게 기뻐할지어다. 예루살렘의 딸아 즐거이 부를
지어다. 보라. 네 **왕**이 네게 임하시나니 그는 공의로우시며 구
원을 베푸시며 겸손하여서 나귀를 타시나니 나귀의 작은 것 곧
나귀 새끼니라"(슥 9:9).

유대인들은 예수님이 나귀를 타고 입성할 때 큰 소리로 주의 이
름으로 오시는 왕이라고 외쳤다.

"이르되 찬송하리로다. 주의 이름으로 오시는 **왕**이여 하늘에는
평화요 가장 높은 곳에는 영광이로다 하니"(눅 19:38).

이제 본문을 보자. 유대인들은 빌라도에게 예수가 왕이라고 말한다고 고발하였다. 빌라도가 예수님에게 네가 유대인의 왕이냐 묻자 예수님은 "네 말과 같이 내가 왕이라"고 대답하셨다. 예수님을 만난 빌라도가 예수님에게 아무 죄도 없음을 알고 풀어주려고 하자 유대인들은 자신을 왕이라고 하는 자를 풀어주는 것은 로마 황제 가이사를 반역하는 것이라고 협박하였다. 할 수 없이 빌라도는 예수님을 십자가에 못 박도록 넘겨주었고 십자가 위에 '예수 유대인의 왕'이라는 패를 써서 붙이게 했다.

"빌라도가 패를 써서 십자가 위에 붙이니 나사렛 예수 유대인의 왕이라 기록되었더라"(요 19:19).
"예수께서 못 박히신 곳이 성에서 가까운 고로 많은 유대인이 이 패를 읽는데 히브리와 로마와 헬라 말로 기록되었더라"(요 19:20).

히브리어는 유대인, 로마어는 로마인, 헬라어는 로마가 지배하고 있는 모든 나라의 만국어로 그 당시 모든 나라 사람이 읽게 하려는 것이다. 즉 이것은 빌라도가 쓴 패이지만 하나님께서 쓰게 하신 것이고 예수님이 왕이신 것을 만민에게 알리게 하신 것이다.

유대인들은 '유대인의 왕'이라고 써 놓은 죄패가 마음에 안 들어 화를 냈다. 유대인들은 예수님을 왕으로 받아들일 수가 없었다.

그래서 '자칭 유대인의 왕'이라고 쓰라고 압박을 넣었다. 그때 빌라도는 "내가 쓸 것을 썼다"고 하며 그대로 두었다. 예수님은 왕으로 태어나셨고, 왕으로 사셨으며, 왕으로 죽으셨다.

예수님을 왕으로 모시라

예수님은 왕으로 태어나셨고, 왕으로 말씀하셨으며, 왕으로 죽으셨다. 그런데 한 번도 왕이 되신 적은 없었다. 그러면 도대체 예수님은 어느 나라 왕이며 어디에서 왕이신가? 예수님은 우리 왕, 나의 왕이시다.

사탄은 에덴동산에서 하와에게 "선악과를 먹고 네 마음대로 살라"고 유혹하였다. "너는 하나님의 다스림을 받을 필요가 없다. 하나님의 말씀보다 너의 인권이 더 중요하다. 하나님은 너의 왕이 아니다. 이 선악과를 먹으면 네가 왕이 된다. 이제 이 선악과를 먹고 네가 왕이 되어 네 마음대로 살아라." 하와는 이 달콤한 유혹에 넘어가 하나님으로부터 독립하고 자기 스스로 왕이 되고 말았다. 이것이 인류 최초의 죄악이다.

죄는 하나님을 떠나 내가 왕이 되어 내 마음대로 사는 것이다. 아담과 하와가 하나님을 떠나 자기 스스로 왕이 되자 에덴동산은 깨어지고 영원한 열등감, 영원한 자원고갈, 영원한 두려움. 영원한 외로움이 생겼다. 내가 왕이 되면 모든 것이 부족하다. 나에겐 무한한 자원이 없기 때문이다. 내가 왕이 되면 아무리 많은 것을 가져도 두렵고 불안하다. 나는 미래를 모르기 때문이다. 아담의 피를 물려받는 아담의 후손인 우리는 내가 왕이 되어 내 멋대로 사는 죄를 물려받게 되었다. 내가 왕이 되는 이기심은 절대로 바뀌지 않는다.

사람은 교육으로 변화되지 않는다. 사람은 돈으로 변화되지 않는다. 사람은 의술로 변화되지 않는다. 내가 왕이 되어 살면 교육을 많이 받을수록 더 이기심이 충만해지고 더 교만해진다. 내가 왕이 되면 돈을 많이 가질수록 타락한다. 내가 왕이 되면 건강할수록 악한 일을 한다. 내가 왕이 되어 사는 자는 죄의 노예가 된다. 내가 왕이 된 삶은 교만과 타락과 파멸로 가게 되어 있다. 인간의 최고 문제는 내가 왕이 되어 지옥처럼 살다가 지옥으로 가는 것이다.

내가 왕이 된 삶은 얼마나 어리석은지 모른다. 온 우주가 자기중심으로 돌고 있다고, 온 세상이 자기중심으로 돌고 있다고 착각하는 것이다. 우주는 나를 중심으로 돌고 있지 않다. 온 우주는 하나님 중심으로 돌고 있고 온 세계 역사는 하나님 중심으로 흐르고 있다. 내가 왕이 아니다. 하나님이 왕이시다. 사람들은 죽을 때에야 비로소 온 우주의 중심이 하나님이시고 자신은 티끌보다 못한 존재라는 것을 깨닫게 된다.

거듭 말한다. 나는 왕이 아니다. 하나님이, 예수님이 왕이시다. 구약에는 하나님을 '아도나이'로 불렀다. 즉 하나님이 왕이며 주시라는 것이고 신약에는 예수님을 '큐리오스'로 불렀다. 예수님이 왕이며 주시라는 뜻이다. '아도나이'와 '큐리오스'는 같은 말이다.

사람이 왕이 되어 산 결과는 전쟁과 살인과 폭력과 자연 파괴와 가정파괴다. 내가 왕이 되면 이기심 덩어리가 되기 때문이다. 내가 왕이 된 삶의 허상을 알고 예수님을 왕으로 모시라. 세상의 어느 왕이 부패하여 악취 나고 무너진 집에 들어가길 원하겠는가? 만왕의 왕이신 예수님은 나를 너무 사랑하셔서 더럽고 초라하고 폐허가 된 내 안에 들어오셔서 나를 살리길 원하신다. 예수님을 왕으로 모시려면 먼저 내가 왕이 되었던 자리를 다 버려야 한다. 한 사람의 마음에 두 명의 왕이 존재할 수 없다. 내가 왕이 되든지 예수님이 왕이 되든지….

예수님이 십자가에 못 박혀 죽으실 때 예수님만 십자가에 못 박혀 죽으면 안 된다. 내가 왕이 되어 내 멋대로 사는 나를 함께 죽여야 한다.

> "우리가 알거니와 우리의 옛사람이 예수와 함께 십자가에 못 박힌 것은 죄의 몸이 죽어 다시는 우리가 죄에게 종노릇 하지 아니하려 함이니"(롬 6:6).

로마서 6장에서 "옛사람이 예수와 함께 십자가에 못 박혔다"고 할 때 이 옛사람은 바로 아담을 말한다. 옛사람은 아담이 물려준,

자기가 왕이 되어 사는 삶을 말한다. 당신이 아무리 예수를 믿는다고 말해도 내가 죽지 않은 사람은 예수가 왕이 될 수 없다. 예수가 왕이 되는 비결은 내가 죽고 예수를 왕으로 모시는 것이다.

성경은 왕이나 주를 동급으로 사용하고 있다. 예수님 시대에는 이스라엘이 로마의 지배를 받고 있었다. 로마의 지배를 받고 있었던 이스라엘 사람들은 로마의 황제를 '큐리오스', 즉 '주'로 고백했다. 그들은 언제나 만나면 인사를 '큐리오스 가이사'를 외쳤다. 그런데 사도 바울은 예수를 큐리오스, 주로 시인해야 구원받는다고 말한다.

"네가 만일 네 입으로 예수를 주로 시인하며 또 하나님께서 그를 죽은 자 가운데서 살리신 것을 네 마음에 믿으면 구원을 받으리라"(롬 10:9-10).

로마 시대엔 예수님이 주인이라고 말하면 다 잡아 죽였다. 그 말은 황제에게만 사용하는 말이기 때문이다. "예수가 주시다"라고 외치는 것은 목숨 걸고 외치는 엄청난 신앙고백이다. 예수님을 큐리오스, 즉 주로, 왕으로 모시면 천국이 시작된다.

"영접하는 자 곧 그 이름을 믿는 자들에게는 하나님의 자녀가 되는 권세를 주셨으니"(요 1:12).

예수님을 왕으로, 주인으로 영접하면 영원히 사는 생명이 우리 안에 들어온다. 예수님 자체가 생명이시기 때문이다. 현대교회 최악의 실수는 예수를 믿는다고 말만 하면 천국 간다는 가짜 복음이다. 성경은 말로만 예수님을 믿는다고 해서 천국에 간다고 말하지 않는다. 예수를 주로, 예수를 왕으로 영접해야 한다고 말씀한다.

우리는 내가 왕이 되려는 아담의 피를 물려받고 태어났다. 내가 왕이 되어 살면 당연히 지옥으로 간다. 내가 왕이 되어 살면 우리의 삶은 혼돈과 공허와 흑암이 가득한 삶이 된다. 그러나 예수를 왕으로 모시면 혼돈이 질서로, 공허함이 충만함으로, 흑암이 빛으로 가득한 삶으로 바뀐다. 우리가 왕을 바꾸지 않는 한 사탄은 우리를 마음껏 가지고 놀 것이다. 우리가 왕을 바꾸지 않는 한 사탄의 운명이 우리의 운명이 되고 말 것이다.

사도 바울은 "나는 날마다 죽노라"(고전 15:31)고 고백했다. 바울은 과거 사울이었을 때 예수님을 믿는 자들을 핍박하고 그들을 체포하려고 가다가 다메섹에서 예수님을 만나 맹인이 되어 3일 금식하며 기도하였는데, 이때 아나니아라는 사람이 와서 예수님이 주시라고 말해주었다.

> "아나니아가 떠나 그 집에 들어가서 그에게 안수하여 이르되 형제 사울아 주 곧 네가 오는 길에서 나타나셨던 예수께서 나를 보내어 너로 다시 보게 하시고"(행 9:17).

아나니아는 사울에게 주의 이름을 부르고 세례를 받으라고 권면했다.

"이제는 왜 주저하느냐. 일어나 **주**의 이름을 불러 세례를 받고 너의 죄를 씻으라 하더라"(행 22:16).

그러자 사울은 3일 금식 후에 예수님을 주인으로 모시고 세례를 받았다. 세례를 받는다는 것은 자기가 주인 되었던 내가 죽고 예수가 주인 되어 사는 것을 말한다. 여기에 '주의 이름을 부르는 것은' 내가 주인이 되었던 것을 버리고 이제 예수님을 주인으로 모신다는 뜻이다. 사울은 예수님을 주인으로 부르기 시작했다.

"내가 말하기를 **주님** 내가 **주**를 믿는 사람들을 가두고 또 각 회당에서 때리고"(행 22:19).

사울은 자신의 입으로 스데반이 주의 증인이라고 고백한다.

"또 **주**의 증인 스데반이 피를 흘릴 때에 내가 곁에 서서 찬성하고 그 죽이는 사람들의 옷을 지킨 줄 그들도 아나이다"(행 22:20).

사울은 예수님을 진정 자신의 주인으로 모신 것이다. 사울이 예수를 믿고 처음으로 전한 말씀은 예수님이 하나님의 아들이라는 메시지다.

> "즉시로 각 회당에서 예수가 하나님의 아들이심을 전파하니"(행 9:20).

이 말은 정말 충격적인 말이다. 사울은 조금 전까지만 해도 예수 믿는 자들을 체포하고 감옥에 가두고 돌로 쳐 죽인 우두머리다. 그가 변하여 예수 믿는 자들을 돕는 자가 되었다고만 해도 사람들이 놀랄 것이다. 그런데 그 정도가 아니라 아예 예수가 황제보다 높은 하나님의 아들이라고 설교한 것이다. 사울의 설교를 들은 유대인들은 경악을 금치 못했을 것이다.

거듭 말한다. 예수가 하나님의 아들이라는 말은 예수가 왕이고 주인이시라는 말이다. 예수 믿는다고 말만 하지 말고 예수님을 왕으로, 주인으로 모시라. 바울은 고백하였다. "나는 죽고 이제 내 안에 예수님만 산다"고.

> "내가 그리스도와 함께 십자가에 못 박혔나니 그런즉 이제는 내가 사는 것이 아니요. 오직 내 안에 그리스도께서 사시는 것이라"(갈 2:20).

예수님을 왕으로 모시라. 예수님을 왕으로 모시는 것은 내가 죽는 것이다. 예수를 왕으로 모신 자는 아무리 망가진 삶이라도 희망이 있다. 사탄은 예수님 혼자 스스로 왕이 되길 원한다. 아니다. 예수님을 나의 왕으로 모셔야 한다. 예수님이 왕이라는 것을 아는 것만으로는 안 된다. 예수님이 나의 왕이 되어야 한다. 당신이 아무리 교회를 오래 다녀도 예수님을 당신의 왕으로 모시지 않는다면 당신과 예수는 아무런 상관이 없다. 예수님이 십자가에 달릴 때 유대인들이 예수님을 자칭 유대인의 왕이라고 하며 자신들의 왕으로는 인정하지 않은 것과 똑같다.

예수님을 왕으로 모시면 내가 산다.
그 자체가 힘이며 능력이다.
예수가 왕인 사람은 그 무엇도 무너뜨릴 수 없다.

예수님을 왕으로 모셨다면
예수님의 다스림을 받으라

예수님을 왕으로 모신다는 말은 왕이신 예수님의 다스림을 받는다는 뜻이다. 왕은 통치자다. 왕은 다스리는 자다. 성경은 왕이라는 말과 주인이라는 말을 동의어로 사용한다.

"그들이 어린 양과 더불어 싸우려니와 어린 양은 만주의 주시요 만왕의 왕이시므로 그들을 이기실 터이요. 또 그와 함께 있는 자들 곧 부르심을 받고 택하심을 받은 진실한 자들도 이기리로 다"(계 17:14).

"그 옷과 그 다리에 이름을 쓴 것이 있으니 만왕의 왕이요 만주 의 주라 하였더라"(계 19:16).

예수님은 왜 십자가에서 죽으시고 부활하셨는가?

"우리가 살아도 주를 위하여 살고 죽어도 주를 위하여 죽나니 그러므로 사나 죽으나 우리가 주의 것이로다. 이를 위하여 그리 스도께서 죽었다가 다시 살아나셨으니 곧 죽은 자와 산 자의 주 가 되려 하심이라"(롬 14:8-9).

예수님께서 십자가에 죽으시고 부활하신 것은 우리의 '주'가 되시기 위함이었다. 이 말씀은 예수님은 우리의 왕이 되시기 위해 죽으시고 우리를 다스리시기 위해 죽으셨다는 뜻이다. 아무리 교 회를 오래 다녀도, 아무리 많은 설교를 들어도, 아무리 교회에서 중요한 직분자로 살아도, 심지어 선교사, 목사로 살아도 예수를 주 로, 왕으로 모시고 다스림을 받지 않는다면 예수님과 아무런 상관 없는 사람이다.

예수님이 나의 왕이 되려면 내가 예수님의 다스림을 받아야 한다. 사도 요한은 요한복음 3장 마지막 절에서 예수님의 다스림을 받지 않으면 천국에 못 간다고 강력하게 말한다.

"아들을 믿는 자에게는 영생이 있고 아들에게 순종하지 아니하는 자는 영생을 보지 못하고 도리어 하나님의 진노가 그 위에 머물러 있느니라"(요 3:36).

하나님의 아들, 예수님에게 순종하지 않는 자는 영생이 없다고 말씀하신다.

"내가 진실로 진실로 너희에게 이르노니 내 말을 듣고 또 나 보내신 이를 믿는 자는 영생을 얻었고 심판에 이르지 아니하나니 사망에서 생명으로 옮겼느니라"(요 5:24).

앞에서도 말했듯이 여기에 '내 말을 듣고'는 예수님의 말을 듣는 것이고 '나 보내신 이'는 하나님이시다. 왜 예수님의 말을 들어야 천국에 가는가? 예수가 주인이시기 때문이다.

당신은 지옥 같은 삶을 청산하고 기쁨이 넘치는 풍성한 삶을 원하는가? 그렇다면 예수님을 왕으로, 주인으로 모시고 그분의 다스림을 받으라. 예수님이 나의 왕이 되시는 것은 두려운 것이 아니고 축복이며 행운이다. 예수님은 세상의 왕과 다르다. 예수님은 폭군이 아니다. 예수님은 우리를 위해 죽어주신 왕이시다. 예수님은 우리를 망하게 하려고 오신 분이 아니라 우리의 삶을 풍성하게 하려고 오신 분이다.

> "내가 온 것은 양으로 생명을 얻게 하고 더 풍성히 얻게 하려는 것이라"(요 10:10).

현대의 교육은 네가 왕이 되라, 네가 주인이 되라, 네가 네 인생을 마음대로 살라고 말한다. 이것은 사탄이 주는 에덴동산의 현대판 유혹이다. 내가 왕이 되어 내 마음대로 살면 지옥의 문이 열린다. 예수가 왕이 되어 예수의 다스림을 받으며 살면 천국의 문이 열린다. 우리가 예수를 왕으로 모시고 예수의 다스림을 받으면 예수 향기가 나고 예수 열매가 나타난다.

이에 관해서 신학자 존 스토트는 "우리 삶에 열매가 없다면 그것은 우리가 죽지 않은 상태에 있기 때문이다"라고 말한다. 교회는 오래 다녔는데 아무런 열매도 없고 늘 주변 사람에게 상처를 준다면 내가 죽지 않았다는 것이며 왕이신 예수의 다스림을 받지 않는다는 뜻이다.

우리나라에 온 최초의 선교사 언더우드를 살펴보자.

그는 본래 인도 선교사로 가려고 계획했다. 조선에 관한 정보를 들었을 때는 누군가 가면 좋겠다고 생각했다. 그런데 계속 조선이 마음에 걸렸다. 그래서 작정하고 하나님과 독대하는 시간을 가졌는데, 이런 생각이 들었다.

"네가 조선에 가면 안 되겠니?"

그는 결단했고 방향을 틀어 조선으로 들어왔다.

그 당시 조선은 땅끝에 있는 미전도 종족인 데다가 핍박이 있었지만 믿음으로 기대하며 왔다. 언더우드를 통해 이 나라에 엄청난 열매가 열렸다. 연세대와 세브란스병원, 그리고 새문안교회 등 많은 교회가 그의 선교 열매다. 왕의 다스림을 받는 자에게는 언제나 열매가 가득하다.

나는 20년 전에 성지순례를 하면서 깜짝 놀란 적이 있었다. 이집트에 가서 예수님이 유아 때 헤롯을 피해 피난 시절을 지낸 곳을 보고 다시 이스라엘로 돌아오는데 국경 경계선이 달랑 집 한 채뿐이었다. 이집트에서는 파리가 얼마나 많은지. 도로도 얼마나 복잡한지. 해변도 얼마나 지저분하고 더러운지…. 그런데 그 집 한 채를 지나 이스라엘이 되니 갑자기 도로가 뻥 뚫려 있고, 나무가 도로 옆에 즐비하게 심겨 있으며, 해변이 얼마나 깨끗한지 깜짝 놀랐다. 아니 집 한 채를 사이에 두고 이렇게 다를 수가 있을까?

누가 다스리느냐에 따라 완전히 달라진다. 내가 왕이 되어 주인

되어 내가 내 인생을 다스리면 지옥이다. 하루하루 사는 자체가 다 지옥이다. 죽지 못해 산다. 그러나 똑같은 '나' 라는 사람이 예수님의 다스림을 받으면 평안이 있다. 기쁨이 있다. 찬송이 있다. 감사가 넘친다. 무슨 차이인가? 다스림의 차이다.

아침마다 눈을 뜨면 예수가 나의 주인이시다. "예수님 나를 다스려 주옵소서"라고 외치고 하루를 시작하라. 교회에 조금 오래 다니면 자꾸만 주객이 전도되어 내가 예수님을 다스리려고 한다. 안 된다. 내가 왕이 된 곳에는 죽음이 있고 어둠이 있다. 우리는 예수님을 왕으로 모시고 예수님의 다스림을 받아야 한다. 그곳에 생명이 있다. 그곳에 빛이 있다.

예수님을 왕으로 모셨다면 날마다 내 자아를 죽이고, 내 생각을 죽이고. 내 고집을 죽이고, 예수님의 다스림을 받아야 한다. 예수를 믿는다는 것은 이젠 나를 의지하지 않고 예수를 믿는 것이다. 예수님은 내 안에 예수가 살기를 원하신다.

"예수께서 우리를 위하여 죽으사 우리로 하여금 깨어 있든지 자든지 자기와 함께 살게 하려 하셨느니라"(살전 5:10).

내가 왕이 되어 지옥 같은 삶을 살지 말고 예수가 왕이 되어 예수의 다스림을 받으며 날마다 천국 같은 인생을 살라.

예수를 나의 왕으로 모셨다면
믿음으로 기대하며 살라

　　　　왕은 자신이 다스릴 나라에 대한 계획이 있다. 왕이신 예수님은 나의 인생을 향해 좋은 계획을 가지고 계신다. 왕은 우리가 모르는 왕의 계획을 가지고 계신다.

　이스라엘 백성은 애굽에서 430년 동안 노예로 비참하게 살았다. 그들에게는 내일에 대한 아무런 희망도 기대도 없었다. 그러나 이스라엘의 왕이신 하나님은 이스라엘 백성을 향해 출애굽의 계획과 가나안 정복의 계획을 가지고 계셨다. 이스라엘 백성은 홍해 앞에서 아무런 계획도 없었다. 그러나 하나님은 홍해에 길을 내실 계획을 가지고 계셨다. 이스라엘 백성이 바벨론 포로로 끌려갈 때 아무런 희망도 계획도 없었다. 그러나 하나님은 이스라엘 백성이 다시 예루살렘으로 돌아오게 할 계획을 가지고 계셨다.

　예수님을 왕으로 모시고 사는 자는 결코 망하는 인생을 살지 않는다. 내 인생을 왕이신 예수님께 드리고 왕의 다스림을 받는다. 그리고 그 왕을 믿고 하루하루를 그냥 기대하며 산다. 그러면 왕이신 예수님께서 당신의 인생을 최고의 길로 인도하실 것이다. 우리가 예수님을 왕으로 모시고 그분에게 다스림을 받으며 살면 우리가 상상도 할 수 없는 놀라운 길로 인도하실 것이다.

"우리 가운데서 역사하시는 능력대로 우리가 구하거나 생각하는 모든 것에 더 넘치도록 능히 하실 이에게"(엡 3:20).

예수님은 우리의 한계를 넘는 삶을 살게 하신다. 예수님은 우리가 구한 것이나 우리가 생각하는 것에 더 넘치도록 부어주신다. 내 능력에 갇혀 살지 말고 예수님의 무한한 능력 속에 그 능력을 누리며 살라. 무엇보다도 예수님의 평화의 왕이시다.

"이는 한 아기가 우리에게 났고 한 아들을 우리에게 주신 바 되었는데… 그의 이름은 기묘자라, 모사라, 전능하신 하나님이라, 영존하시는 아버지라, 평강의 왕이라 할 것임이라"(사 9:6-7).

예수님이 우리의 왕이 되시면 우리 안에 있는 모든 갈등, 분노, 아픔, 상처, 우울, 불안, 두려움이 다 사라질 것이다. 특별히 삶에 큰 문제가 나타났을 때 자신을 믿다 절망하지 말고 만왕의 왕이신 예수를 믿고 기대하라. 내가 해결하려 들면 문제는 커지고 왕이신 예수가 해결하면 문제는 사라진다. 왕이 있는 곳에는 언제나 빛이 가득하다. 왕이 있는 곳에는 더는 상처가 없다. 왕이 있는 곳에는 질병이 없다. 왕이 가는 길에는 언제나 왕의 대로가 준비된다.

옛날에 어떤 왕자가 사냥하러 갔다가 낭떠러지에서 떨어져 의식을 잃고 누워 있었다. 같이 사냥 간 신하들이 온 산을 다 뒤져도 왕자를 찾을 수 없었다. 왕자를 찾던 신하들은 해는 지고 더 이상 왕자를 찾을 수 없게 되자 하는 수 없이 그냥 왕궁으로 돌아갔다. 숲속에 홀로 사는 노인이 죽어가는 왕자를 발견하고 그의 오두막 집에 데려다가 극진히 간호하여 6개월 만에 의식이 돌아오고 차츰 몸이 회복되자 왕궁으로 돌아갔다.

왕은 죽은 아들이 살아났다고 하며 축제를 벌였다. 왕은 왕자의 말을 듣고 숲속의 노인을 왕궁으로 모셔 왔다. 왕은 노인에게 무엇 이든지 원하는 것을 말하라고 하였다. 노인은 자신은 이미 만족한 삶을 살고 있기에 더 원하는 것이 없다고 하며 혹시 왕이 하락하신 다면 1년에 한 번만 왕자와 함께 자신의 집을 방문해 주십사 하였 다. 왕은 흡족해하면서 그렇게 하겠다고 약속하였다.

정말 1년 뒤에 왕이 그 깊은 숲속 오두막을 방문하게 되었다. 그런데 왕이 그 깊은 숲속 오두막을 방문하기 전에 신하들이 와서 왕이 올 길이라며 대로를 닦아 놓았고 또 왕이 머물 집이라고 하며 오두막을 궁궐처럼 만들어주었다.

왕이 하루 방문하여 머무는 집도 순식간에 변하거늘 만왕의 왕 이신 예수님이 내 초라한 집에 매일 머물게 되면 우리 인생에는 왕 의 대로가 펼쳐질 것이다.

모 집사님은 대학을 마친 후 결혼하고 지방에 있다가 1998년

IMF로 한국경제가 어려운 시기에 서울로 올라와 국제 금융회사에 들어갔다. 오전 4시 30분에 출근해서 밤 10시에 퇴근했다. 누구보다 열심히 투자분석을 하여 방송에도 나오는 유명 인기인이 되었다. 그는 자신의 욕망을 위해 살았다. 성공을 위해 야곱처럼 살았다. 하나님께서 그를 다루기 시작했다.

2001년 9월 11일 미국 무역센터의 빌딩이 무너짐으로 모든 금융시장이 순식간에 다 무너졌다. 그의 모든 꿈, 모든 재산이 다 휴짓조각처럼 사라지고 빚더미에 올라앉았다. 둘째를 임신한 아내는 일주일 만에 유산했다. 아내는 문을 잠그고 울기 시작했다. 빚더미에 앉았고 아무 데도 갈 곳이 없었으며 벼랑 끝에 섰다. 수많은 금융회사에 서류를 제출했어도 그를 불러주는 곳은 없었다.

고난이 오자 겸손히 엎드리게 되었다. 금식은 모든 흉악의 결박을 끊어준다는 말씀이 기억나서 금식에 들어갔다. 회개의 은혜가 임하였다. 그는 자신이 왕이 되어 살았다. 그는 자신의 모든 세포가 다 죄로 가득 차 있음을 알았다. 하나님의 위엄 앞에서 덜덜덜 떨었다. 그는 자신이 죄인 중의 괴수였음을 알았다. 자기가 주인되어 행한 모든 것이 쓰레기임을 알았다. 그는 자신이 주인이었던 삶을 회개하고 진정 주님을 주인으로 모셨다.

기도 중에 '교육'이라는 단어가 생각났다. 금융회사 지원을 내려놓고 사람을 교육하는 곳에 지원서를 썼다. 생각지도 않았는데 다섯 곳에서 면접을 보러오라는 연락이 왔다. 결국 야구 모자를 만드는 기업에 교육담당자로 들어가게 되었고, 인사팀장이 되었다. 말씀을 읽는 중에 거짓말하지 말라는 말씀이 마음에 와닿았다.

> "너희는 너희 아비 마귀에게서 났으니 너희 아비의 욕심대로 너희도 행하고자 하느니라. 그는 처음부터 살인한 자요. 진리가 그 속에 없으므로 진리에 서지 못하고 거짓을 말할 때마다 제 것으로 말하나니 이는 그가 거짓말쟁이요 거짓의 아비가 되었음이라"(요 8:44).

그는 자기 힘으로 사는 삶을 내려놓고 주님 말씀에 순종하는 자로 살기로 결심했다. 자기 밑에 있는 부하직원이 30대 자매를 부당하게 해고했다. 이 일로 그 자매는 억울하다며 노동부에 회사를 고발했다.

회사에서 사원을 해고하려면 여러 번 회의한 문서가 있어야 한다. 인사팀장인 그가 그냥 적당히 서류를 꾸며 노동부에 제출하면 되었다. 그러나 그는 거짓 문서를 만들지 않고 그 부당 해고당한 자매를 10번 찾아가 사과하고 용서를 구했다. 회사에서는 미쳤다고 했고 비난하는 사람이 많았다. 그러나 그는 주인이신 주님께 순종하였다. 그러자 그 자매는 인사팀장인 그를 용납해 주었고 좋은 관계가 되어 교회까지 나오게 되었다.

그 일로 회사에서는 부당해고가 없어졌다. 그는 인사팀장에서 승진해 회장의 비서실장이 되었다. 아르바이트로 일하는 형제를 정식 직원이 되게 하였고 그를 승진시켜 비서실에 함께 근무하게 하였다. 그런데 그 형제의 술수로 억울하게 비서실장의 자리에서 잘리게 되었다. 화가 났다. 그러나 주인이신 주님께서 복수하지 말고 잠잠히 있으라고 하셔서 그냥 조용히 회사를 떠났다.

그 후 자신이 읽은 성경을 유튜브에 올렸다. 그의 유튜브를 보고 회복되는 사람들이 생겨났다. 구독자가 수천 명이 되더니 곧 3만 명이 되고 지금은 10만 명이 넘는 구독자가 생겼다. 그는 순식간에 전 세계에 영향을 끼치는 사람이 되었다. 그 어떤 때보다 많은 돈을 벌게 되었다. 자기가 주인이었던 '내' 가 죽고 예수가 살자 사는 자체가 다 기쁨이 되었다.

당신도 예수님을 주인으로 모시고 산다면 놀라운 일이 일어날 것이다. 말로만 예수를 주인으로 모신다고 하지 말고 매 순간 예수님을 주인으로 모시고 예수님의 다스림을 받으라. 바울처럼 주 안에서 기뻐하라고 외치게 될 것이다. "주 안에서 항상 기뻐하라. 내가 다시 말하노니 기뻐하라"(빌 4:4).

네가 만일 네 입으로 예수를 주로 시인하며
또 하나님께서 그를 죽은 자 가운데서
살리신 것을 네 마음에 믿으면 구원을 받으리라.

- 롬 10:9-10 -

예수를 왕으로 모시라

1. 구약성경에 예수님이 (   )으로 태어나실 것으로 예언되었다.

2. 예수님은 만왕의 왕이시며 만주의 (   )시다. (계 7:14, 19:16)

3. 요한복음 3장 36절을 읽고 예수님이 누구신지 나누어보라.

   요한복음 5장 24절을 읽고 예수님이 누구신지 나누어보라.

4. 당신은 예수님을 왕으로 모시고 왕의 다스림을 받고 있는가?

   정직하게 나누라.

5. 당신의 마음에 평화가 있는가? (사 9:6-7)

   평화가 없다면 그분을 왕으로 모시라.

6. 당신의 마음에 기쁨이 있는가? (빌 4:4)

   기쁨이 없다면 그분을 주로 모시라.

—

나는 예수의 종이 되어야 한다

＊　＊　＊　＊　＊

"예수께서 이 말씀을 하시고 예루살렘을 향하여 앞서서 가시더라. 감람원이라 불리는 산쪽에 있는 벳바게와 베다니에 가까이 가셨을 때에 제자 중 둘을 보내시며 이르시되 너희는 맞은편 마을로 가라. 그리로 들어가면 아직 아무도 타 보지 않은 나귀 새끼가 매여 있는 것을 보리니 풀어 끌고 오라. 만일 누가 너희에게 어찌하여 푸느냐 묻거든 말하기를 주가 쓰시겠다 하라 하시매 보내심을 받은 자들이 가서 그 말씀하신 대로 만난지라. 나귀 새끼를 풀 때에 그 임자들이 이르되 어찌하여 나귀 새끼를 푸느냐. 대답하되 주께서 쓰시겠다 하고 그것을 예수께로 끌고 와서 자기들의 겉옷을 나귀 새끼 위에 걸쳐 놓고 예수를 태우니 가실 때에 그들이 자기의 겉옷을 길에 펴더라"(눅 19:28-36).

성경에는 예수님을 따르는 제자들은 자신을 소개할 때 제자로 소개하기보다 종으로 소개하길 좋아하였다. 사도 바울도 자신을 소개할 때 종으로 소개하는 것을 좋아하였다.

"예수 그리스도의 종 바울은 사도로 부르심을 받아 하나님의 복음을 위하여 택정함을 입었으니"(롬 1:1).
"그리스도 예수의 종 바울과 디모데는 그리스도 예수 안에서 빌립보에 사는 모든 성도와 또한 감독들과 집사들에게 편지하노니"(빌 1:1).
"하나님의 종이요 예수 그리스도의 사도인 나 바울이 사도 된 것은 하나님이 택하신 자들의 믿음과 경건함에 속한 진리의 지식과"(딛 1:1).

이런 고백은 바울만 한 것이 아니다. 야고보도 자신을 소개할 때 종으로 소개하였다.

"하나님과 주 예수 그리스도의 종 야고보는 흩어져 있는 열두 지파에게 문안하노라"(약 1:1).

예수님의 수제자인 베드로도 자신을 종으로 소개하였다.

"예수 그리스도의 종이며 사도인 시몬 베드로는 우리 하나님과 구주 예수 그리스도의 의를 힘입어 동일하게 보배로운 믿음을 우리와 함께 받은 자들에게 편지하노니"(벧후 1:1).

예수님의 사랑을 가장 많이 받았던 사도 요한도 자신을 종으로 소개하였다.

"예수 그리스도의 계시라. 이는 하나님이 그에게 주사 반드시 속히 일어날 일들을 그 종들에게 보이시려고 그의 천사를 그 종 요한에게 보내어 알게 하신 것이라"(계 1:1).

예수님의 친형제였던 유다도 자신을 종으로 기록하였다.

"예수 그리스도의 종이요 야고보의 형제인 유다는 부르심을 받은 자 곧 하나님 아버지 안에서 사랑을 얻고 예수 그리스도를 위하여 지키심을 받은 자들에게 편지하노라"(유 1:1).

사도 요한은 요한계시록에서 성도들을 종이라고 표현한다.

"예수 그리스도의 계시라. 이는 하나님이 그에게 주사 반드시 속히 일어날 일들을 그 종들에게 보이시려고 그의 천사를 그 종

요한에게 보내어 알게 하신 것이라"(계 1:1).

사도 요한은 선지자들을 종이라고 불렀다.

"일곱째 천사가 소리 내는 날 그의 나팔을 불려고 할 때에 하나
님이 그의 종 선지자들에게 전하신 복음과 같이 하나님의 그 비
밀이 이루어지리라 하더라"(계 10:7).

사도 요한은 모든 성도를 종으로 부른다.

"다시 저주가 없으며 하나님과 그 어린 양의 보좌가 그 가운데
에 있으리니 그의 종들이 그를 섬기며 그의 얼굴을 볼 터이요.
그의 이름도 그들의 이마에 있으리라"(계 22:3-4).

여기에 사용되는 종이라는 단어는 '둘로스'(doulos)다. 헬라어
에 '종'이라는 단어는 '디아코노스'(diakonos)와 '둘로스'(doulos)
가 있다. 디아코노스는 우리 성경에 주로 하인으로 번역이 되었고
둘로스는 노예인데 종으로 번역되었다. 디아코노스인 하인과 둘로
스인 노예는 좀 다르다. 디아코노스는 자신의 의지로 일을 할 수도
있고 안 할 수도 있다. 그러나 둘로스는 자신의 의지가 없다. 둘로
스는 그냥 주인이 시키면 무조건해야 한다.

한글 성경에는 둘로스가 종으로 번역되어 있어서 예수 믿는 자를 하인 정도로 착각한다. 그러나 성경은 예수 믿는 자는 종이라고 분명히 말하고 있다. 나는 여기서 종(노예)에 대한 말씀을 나누길 원한다. 왜 예수님의 제자들은 자신을 소개할 때 자진해서 기쁘게 예수님의 종이라고 하였는가? 성경에서 말하는 예수님의 종은 어떤 의미가 있는가?

종은 분명한 주인이 있다

신약성경을 기록할 당시에는 로마가 유대 땅을 지배하는 로마시대였다. 로마시대에는 매우 많은 노예가 있었다. 1세기에는 로마제국 인구의 5분의 1이 노예였다. 로마제국의 노예는 대부분 전쟁 포로였고 또 노예로 태어난 자들이었다. 로마제국이 커 갈수록 더 많은 노예가 생겼다. 그들 중에는 아주 뛰어난 군인, 학자, 의사, 상인들도 있었고, 노동자도 많았다. 그래서 그들은 로마인의 집에 교사, 의사, 요리사, 정원사, 일꾼으로 팔려 갔다.

노예시장에서는 노예들이 쇠사슬에 묶여 팔려 가기를 기다리고 있다가 말이나 소처럼 물건으로 취급되어 팔려 갔다. 노예는 돈 있는 사람들의 재산목록에 들어갔다. 노예는 원칙적으로 아무런 권리도 법적인 자격도 없는 자들이다. 그들에게는 일한 대가도 주어

지지 않았다. 그냥 주인이 일하라고 하면 일만 하는 자들이었다. 모든 자유를 다 잃어버린 자들이다. 그들에게는 오로지 주인의 뜻만 있었다. 그들의 인생은 주인의 자비에 달려 있었다.

신약성경을 기록할 당시 종(노예)들의 유일한 공통점은 각자 주인이 있다는 것뿐이다. 예수를 믿는 자들은 예수님을 주인으로 모시고 사는 자들이다. 우리의 주인은 내가 아니라 예수님이시다. 예수를 믿는 것은 주인을 바꾸는 것이다. 내가 주인 되어 살다가 이제 예수님이 주인 되시는 것이다. 예수를 믿어도 여전히 내가 주인되어 사는 자는 예수를 믿는 것이 아니다.

우리는 예수님이 우리 죄를 위해 십자가에서 죽으셨다는 말씀을 자주 듣는다. 이 말은 우리 편에서 하는 말이다. 예수님의 편에서 하시는 말씀은 다르다. 예수님이 십자가에서 죽으심은 우리의 주인이 되시기 위함이다.

"이를 위하여 그리스도께서 죽었다가 다시 살아나셨으니 곧 죽은 자와 산 자의 주가 되려 하심이라"(롬 14:9).

예수님께서 십자가에서 죽으시고 살아나심은 우리의 주인이 되시기 위함이라는 말씀이다. 다시 사도 바울은 이것을 고린도후서 5장 15절에서 더 분명하게 말해준다.

"그가 모든 사람을 대신하여 죽으심은 살아 있는 자들로 하여금 다시는 그들 자신을 위하여 살지 않고 오직 그들을 대신하여 죽었다가 다시 살아나신 이를 위하여 살게 하려 함이라."

다시 말하면 예수님이 우리를 위해 죽어주심은 우리가 이제 예수님을 주인으로 삼고 예수님의 종으로 살게 하기 위함이라는 것이다. 우리는 과거 죄의 종이었다. 이제 예수님이 우리 죄를 위해 십자가에서 죽어주심으로써 우리는 다시는 죄의 종이 아니라 예수님의 종이 되었다. 당신이 예수님을 믿는 자라면 먼저 주인을 분명히 해야 한다.

종은 자신의 삶이 없는 주인의 사람이다. 종의 관심은 먹는 것이나 입는 것이나 머무는 집이 아니다. 종의 유일한 관심은 주인의 명령을 수행하는 것이다. 당신이 예수님의 사람이 되려면 먼저 당신의 주인을 분명히 해야 한다. 많은 사람이 자기 인생의 주인이 자기인 줄 알고 있다. 그러나 내 인생의 주인은 내가 아니다. 조금만 생각해 보면 내가 주인이 아닌 것을 금방 알 수 있다. 내가 나를 이 세상에 태어나게 하지 않았다. 나를 이 세상에 보내신 분이 있다. 그분이 내 삶의 주인이시다.

사람마다 자신의 주인이 다 다르다. 어떤 사람은 돈이 자기 주인이다. 아니다. 돈이 우리의 주인이 되면 안 된다. 자녀가 주인인 사람도 있다. 육체의 쾌락이 주인인 자도 있다. 자신의 성공이 주인인 자도 있다. 당신이 예수를 믿는다면 주인을 분명히 해야 한다. 예수를 믿고 예수님을 주인으로 모셨다고 말해도 여전히 내가 주인인 사람이 많다. 예수님은 우리에게 두 주인을 동시에 섬길 수 없다고 말씀하신다.

> "한 사람이 두 주인을 섬기지 못할 것이니 혹 이를 미워하고 저를 사랑하거나 혹 이를 중히 여기고 저를 경히 여김이라. 너희가 하나님과 재물을 겸하여 섬기지 못하느니라"(마 6:24).

미국 사람들은 소시지를 정말 좋아한다. 그래서 어떤 호텔에 가도 양식 코너에는 소시지가 있다. 최근 미국에도 채식주의자가 많아졌는데 그들은 평소 채식을 하지만 소시지는 포기하지 못해서 새로운 채식주의자가 생겼다. 바로 반채식주의자이다. 반채식주의는 체중감량에 별로 효과가 없다.

오늘날 교회에서도 반채식주의자처럼 반그리스도인이 많다. 그들은 반은 예수님이 주인이고 반은 세상이 주인이다. 그들에게는 아무런 능력도 아무런 감동도 아무런 기적도 없다. 그들은 교회를 좋아한다. 그런데 세상도 좋아한다. 평소엔 주일날 교회에 나온다. 그러나 세상에 좋은 일이 생기면 주일을 쉽게 범한다. 평소엔 예수님을 사랑한다. 그러나 예수님 때문에 불리한 대우를 받으면 예수님을 버린다.

우리는 우리의 행복이 중요한 것이 아니다. 우리의 비전이 중요한 것이 아니다. 내가 하고 싶은 일을 다 하는 것이 중요한 것이 아니다. 당신이 정말 예수님의 십자가에 죽으심과 부활하심을 믿는다면 그분을 주인으로 삼고 그분의 종으로 살아야 한다. 세상은 우리에게 성공의 노예가 되라고 말하지만 성경은 예수님의 종이 되라고 말씀한다.

신약성경에는 예수님을 주인이라고 부르는 '큐리오스'라는 단어가 750회 등장한다. 신약성경은 총 260장이니 한 장에 2~3번 정도 주님이라는 단어가 나오는 셈이다. 이 '주'라는 단어는 종들이 쓰는 말이다. 그러니까 성경을 읽는 자는 모두 내가 종으로 예수님을 주인으로 부르며 사는 자들이라는 뜻이다.

오늘날 교인들은 이 '주'라는 단어가 그냥 예수님의 호칭인 줄로 착각하고 있다. 제자도의 핵심 성경 구절을 다시 읽어보자.

"또 무리에게 이르시되 아무든지 나를 따라오려거든 자기를 부인하고 날마다 제 십자가를 지고 나를 따를 것이니라"(눅 9:23).

'자기를 부인하는 것'이 무엇인가? 세상을 향한 내 안의 욕심을 버리는 것이다. 내 취미, 내 자랑, 내 욕심을 다 버려야 한다. 오직 예수님을 주인으로 삼고 예수님을 따라야 한다. 성공이나 돈이나 세상을 주인으로 삼지 말고 예수님을 주인으로 삼아야 한다. 다시 말해 성공의 노예, 돈의 노예, 세상의 노예가 되지 말고 예수님의 종이 되라는 뜻이다. 당신 삶의 주인을 분명히 하라. 종은 자신이 주인을 선택하지 못한다. 오직 주인에 의해 선택받을 뿐이다. 우리는 주인이신 예수님이 선택한 행복한 노예인 것이다.

"너희가 나를 택한 것이 아니요. 내가 너희를 택하여 세웠나니"
(요 15:16).

종은 주인을 분명히 한다. 순교자 폴리캅은 AD 80년경에 태어나 AD 150~165년경 86세로 순교한 서머나교회의 감독이었다. 폴리캅은 신약시대 이후 널리 알려진 첫 순교자 중의 한 사람으로 사도들에 의해 아시아 서머나교회의 감독으로 임명받았다. 또한 폴리캅은 사도 요한의 제자로 예수님을 육체적으로 만난 사람과 그 후 세대를 연결해 주는 속사도 시대의 대표적인 인물이다.

그럼 폴리캅의 순교현장을 살펴보자.

예수님을 믿는다고 검거된 폴리캅이 암피트리테 사형장에 들어서자 총독은 그에게 물었다.

"나이를 고려하여 봐줄 테니, 예수를 부인하고 황제에게 희생제를 드리는 것이 어떤가?"

이 말을 듣자 폴리캅은 이렇게 대답했다.

"나는 86년간 나의 주 예수 그리스도를 섬겼다. 하지만 그분은 나를 한 번도 부인하지 않으셨다. 내가 어떻게 모든 사악한 것에서 나를 보존하시고 나를 구원하실 나의 왕을 부인할 수 있겠는가?"

이에 화 난 총독은 야생동물의 먹이가 되게 하겠다고 위협했다.

폴리캅은 담대히 말했다.

"저의 뜻은 불변합니다. 환란을 받는다고 해서 선이 악으로 변할 수 없지 않겠습니까?"

그러자 총독은 화가 치밀어 그를 화형에 처하겠다고 협박했다.

폴리캅은 죽음의 협박에도 굴하지 않고 이렇게 고백했다.

"당신은 나에게 불로 위협합니다. 아쉽지만 그 불은 단지 얼마 동안만 저를 불태울 것입니다. 하지만 하나님 심판의 불은 불경건한 자들을 영원히 불태울 것임을 기억해야 합니다. 지체하지 마십시오. 원하시는 대로 야생동물에게 던지거나 불을 지피십시오. 무엇을 명하시든지 저는 저의 주님을 부인하지 않을 것입니다."

폴리캅은 죽는 순간까지 예수님을 주인으로 모시고 순교했다.

당신이 예수를 믿는다면 당신의 주인을 분명히 해야 한다.

좋은 주인의 말에
무조건 순종한다

예수님의 제자가 되길 원하는 자는 누구든지 그분의

종이 되어야 한다. 종은 주인에게 무엇을 해달라고 요청하지 않는다. 대신 "주인님, 제가 무엇을 하길 원하십니까?"라고 묻는다. 종의 가장 큰 특징은 주인의 말에 즉각적으로, 무조건 순종하는 것이다. 현대교회에는 예수님을 주님이라고 부르면서 자신이 예수님의 종인 것을 모르는 자가 너무 많다. 종은 주인에게 무엇을 달라고 요구하지 않는다. 단지 주인이 말하는 것을 듣고 순종할 뿐이다.

예수님께서 예루살렘에 입성하시기 전에 제자들에게 어느 마을에 가면 나귀가 있으니 끌고 오라고 하시면서 누가 왜 나귀를 끌고 가느냐 묻거든 "주가 쓰시겠다"고 말하라고 하셨다.

"이르시되 너희는 맞은편 마을로 가라. 그리로 들어가면 아직 아무도 타 보지 않은 나귀 새끼가 매여 있는 것을 보리니 풀어 끌고 오라. 만일 누가 너희에게 어찌하여 푸느냐 묻거든 말하기를 주가 쓰시겠다 하라 하시매"(눅 19:30-31).

정말 제자들이 예수님께서 말씀하시는 장소에 가서 묶인 나귀 새끼를 풀어 끌어가고자 하니 나귀 주인이 나타나 어찌하여 내 나귀를 풀어 가려고 하느냐고 물었다. 제자들은 그 나귀 주인에게 "주께서 쓰시겠다"고 말하였다. 그러자 나귀 주인은 그냥 나귀를 내주었다. 이것이 바로 종의 태도이다. 그 당시 나귀는 지금으로 말하면 승용차와 같은 재산이다. 그런데 그는 주저하지 않고 나귀 새끼뿐만 아니라 어미 나귀까지 자발적으로, 기쁨으로 내드렸다. 종은 자신의 기쁨을 위해 살지 않는다. 종은 주인의 기쁨이 곧 자신의 기쁨이 된다.

"주를 기쁘시게 할 것이 무엇인가 시험하여 보라"(엡 5:10).

내가 아는 한 형제는 회사 CEO다. 미국 목사님이 우리 교회에서 설교하는 데 통역이 필요해서 그 형제에게 도움을 청했다. 그 형제는 회사에 휴가를 내고 사흘 동안 통역을 하였다. 그 형제에게 고맙다고 말하니 이렇게 대답했다.

"주가 쓰시겠다고 하면 무조건 와야지요. 쓰임 받는 것이 행복입니다."

구약의 사무엘 선지자는 어느 날 하나님으로부터 하나님이 사울 왕을 버렸으니 하나님 마음에 맞는 자에게 가서 기름을 부으라는 음성을 들었다. 그것은 정말 위험천만한 일이다. 사울 왕이 버젓이 살아 있는데 또 다른 사람에게 기름 붓는다면 역적이 된다. 그러나 사무엘은 하나님의 음성에 순종하여 이새의 집에 가서 다윗에게 기름을 부었다.

사무엘은 아주 어린 나이에 성전에서 몸종으로 일할 때 엘리 제사장으로부터 하나님의 음성을 듣는 법을 배웠다. 그것은 무릎을 꿇고 하나님 앞에 엎드려 "말씀하옵소서. 주의 종이 듣겠나이다"

(삼상 3:10)라고 하는 것이었다. 그는 자신이 하나님의 종이 될 때 하나님의 음성을 듣는다는 것을 알았다.

그 후 사무엘은 언제나 하나님의 종으로 살았다. 그는 하나님의 음성을 들으면 무엇이든 즉각 순종하였다. 그래서 그는 성전에서 엘리 제사장을 섬기는 몸종에서 위대한 선지자가 되어 사울 왕과 다윗 왕에게 기름을 붓는 축복을 누렸다.

당신은 정말 하나님의 음성을 듣고 싶은가? 그렇다면 먼저 하나님의 종이 되라. 그리고 "말씀하옵소서 종이 듣겠나이다" 하고 엎드려 보라. 그리고 그분의 음성에 즉각 순종하라. 놀라운 일이 일어날 것이다.

요한복음 12장에 보면 마리아가 예수님의 발에 향유를 부은 사건이 나온다. 이 사건은 예수님이 십자가를 지기 6일 전에 일어난 일이다. 어떻게 마리아는 예수님이 돌아가시기 직전에 예수님 발에 향유를 붓는 일을 생각할 수 있었는가? 어떻게 마리아는 예수님 몸에 향유를 부어 예수님의 죽음을 예비하는 이런 놀라운 일을 할 수 있었는가?

제자들은 마리아가 향유 옥합을 깨뜨리는 것을 보고 낭비라고 비난하였지만 예수님은 예수님의 장례를 준비하는 것이라고 칭찬하셨다. 성경에는 자세히 기록하지 않았지만 이미 마리아에게 성령의 감동이 있었을 것이다. 마리아는 처음 이런 감동이 있었을 때 많이 망설였을 것이다. 주위 사람들의 비난도 예상되었다. 예수님의 반응도 알 수가 없었다. 향유 옥합의 비용도 만만찮은 것이다. 그녀의 결혼 준비금 전부일 수도 있다. 그러나 마리아는 자신이 들은 음성에는 주저하지 않고 즉각 순종하였다.

이런 성령님의 감동은 오늘날에도 있다. "김 집사에게 10만 원을 주라…. 누구에게 전화하라…. 그 죄를 버리라…." 선한 양심에 말씀하신다. 예수님은 마리아의 이 행동을 귀히 보시면서 복음이 전해지는 곳에는 이 일을 꼭 전하라고 하셨다. 예수님은 우리의 순종을 귀히 여기신다.

우리는 자기 유익보다 성령의 음성에 순종하는 것이 더 중요하다. 자칫 잘못하면 내 유익, 내 성공만 앞세우다가 인생 전체를 다 낭비할 수 있다. 하나님은 우리의 인생을 얼마나 성공하였느냐로 평가하지 않으신다. 얼마나 순종하였느냐로 평가하실 것이다. 우리는 우리의 주인이신 예수님이 기뻐하시는 일은 즉시 해야 한다. 좋은 순종을 미루지 않는다. 좋은 자기 생각이나 자신의 기분이 중요하지 않다.

"그런즉 우리는 몸으로 있든지 떠나든지 주를 기쁘시게 하는 자가 되기를 힘쓰노라"(고후 5:9).

누가복음 1장에 보면 마리아는 아들이 태어날 것이라는 말을 천사에게 들었다. 상식적으로 마리아가 아기를 가지면 어떻게 되는가? 사랑하는 요셉과 헤어질 수 있다. 어느 남자가 결혼 전에 임신한 여자를 아내로 맞이하겠는가? 마리아 당시에는 결혼 전에 임신했다는 사실이 알려지면 동네 사람들이 던지는 돌에 맞아 죽을 수도 있다. 그런데 마리아는 "주의 여종이오니 말씀대로 내게 이루어지이다"(눅 1:38) 하고 자신을 주의 종이라고 표현하며 즉각 순종하였다. 이 일로 축복받는 아름다운 결혼식은 사라졌다. 그러나 그녀는 세상에서 가장 위대한 어머니가 되었다.

우리는 인생을 너무 근시안적 사고로 바라보고 지금 당장 나의 유익만을 생각하며 사는 경향이 있다. 우리는 근시안적 사고를 버리고 인생을 영원의 눈으로 보아야 한다. 당신이 예수님의 종인가? 그렇다면 자기 입장, 자기 유익을 말하지 말고 주님 말씀에 즉각 순종하라. 예수님의 말씀에 순종하는 자가 진짜 제자다.

"그러므로 예수께서 자기를 믿은 유대인들에게 이르시되 너희가 내 말에 거하면 참으로 내 제자가 되고"(요 8:31).

당신이 정말 인생을 잘 살려면 당신 마음대로 살지 말고 그분의 음성에 순종하며 살라.

세상은 우리에게 네 마음대로 살라고 한다.
Have it your way.

그러나 성령은 하나님의 뜻을 따르라고 말한다.

Have it God's way.

우리는 내 성공을 위해 사는 자가 아니다. 우리 주인이신 주님의 성공을 위해 사는 주님의 종이다. 당신이 만약 당신 자신만을 위해 살면 행복이 아니라 허무가 밀려올 것이다. 사람은 주를 위해 살 때 삶의 목적과 삶의 이유가 생기고 삶에 열정이 생긴다.

종은 전적으로 주인에게 의존한다

종은 주인을 향한 절대적인 복종의 삶을 살아가면서 전적으로 주인을 의존한다. 종의 정체성은 주인에 의해 결정된다. 종은 주인이 원하는 장소에 있으면서 주인이 원하는 일을 하였다. 로마의 길거리에서는 겉옷만 보아서는 종과 자유인을 구별하기 어려웠다. 종을 거느리고 있는 주인은 대부분 부자였다. 종의 의식주는 주인이 모두 책임졌다. 주인은 종이 원하는 것을 충분히 공급해 주었다. 그들은 단지 주인의 명령에 복종만 하면 되었다. 종의 행복과 불행은 주인에게 달려 있었다.

사악한 주인은 종을 학대하고 천하게 다루었다. 그러나 선한 주인은 종을 자기 가족처럼 대해 주었고 나이가 들고 몸이 병들어도 그들의 뒤를 보살펴 주어 종들로부터 존경과 사랑을 받았다. 어떤 종은 정치적 지위를 가진 높은 사람의 노예가 되어 일반인보다 더 고상한 삶을 살기도 했다.

구약에도 종이 나온다. 그들은 돈을 빌려 썼다가 갚지 못할 경우 노예가 되었다. 그러나 그들은 종으로 살다가도 희년이 되면 해방되었다. 희년은 50년마다 한 번 돌아온다. 그런데 어떤 종들은 희년이 되어 자유롭게 풀려나도 그냥 주인의 집에 남겠다는 자들이 있다. 주인이 너무 좋아서 주인의 집에서 계속 종으로 살겠다는 것이다. 이럴 때 그 종은 귀에 구멍을 뚫고 주인의 집에서 영원히 살았다.

"종이 만일 너와 네 집을 사랑하므로 너와 동거하기를 좋게 여겨 네게 향하여 내가 주인을 떠나지 아니하겠노라 하거든 송곳을 가져다가 그의 귀를 문에 대고 뚫으라. 그리하면 그가 영구히 네 종이 되리라. 네 여종에게도 그같이 할지니라"(신 15:16-17).

예수님의 제자들도 주님이 너무 좋아서 자발적으로 예수님의 종이 된 것이다. 우리 주인이신 예수님은 우리의 모든 쓸 것을 채우고 돌보아 주신다.

"나의 하나님이 그리스도 예수 안에서 영광 가운데 그 풍성한 대로 너희 모든 쓸 것을 채우시리라"(빌 4:19).

우리가 예수님을 주인으로 모시고 그분의 종이 되는 것은 특권이다. 우리의 주인은 평범한 주인이 아니다. 만왕의 왕이시며 우주의 왕이시다. 우리가 그분의 종이 된다는 것은 우주의 왕이신 그분과 교제하는 축복을 가진다는 것이다. 우리는 예수님의 종이므로 아무것도 염려하지 않는 것이 지극히 당연한 일이다.

"아무것도 염려하지 말고 다만 모든 일에 기도와 간구로 너희 구할 것을 감사함으로 하나님께 아뢰라"(빌 4:6).

우리가 예수님의 종이 되는 것은 단순히 의식주를 해결하는 차원이 아니다. 우리가 예수님의 종이 되면 예수님은 우리를 종으로 여기지 않고 아들로 대하신다.

"너희가 아들이므로 하나님이 그 아들의 영을 우리 마음 가운데 보내사 아빠 아버지라 부르게 하셨느니라. 그러므로 네가 이 후로는 종이 아니요 아들이니 아들이면 하나님으로 말미암아 유업을 받을 자니라"(갈 4:6-7).

우리가 예수님의 종이 되는 것은 우리가 상상할 수도 없는 엄청난 축복이다. 우리가 그분의 종이 되면 하나님은 우리를 아들로 여기시고 하나님의 모든 것을 상속받게 하신다. 예수님을 주로 믿는것은 예수님의 종이 되는 것이다. 우리가 예수님의 종이 되는 것은 성경에 숨겨진 놀라운 비밀이다.

많은 그리스도인이 예수를 믿는 순간 하나님의 아들이라는 것과 동시에 종이라는 것을 몰라 축복을 받지 못한다. 주님의 종으로 그분의 말씀에 절대 순종하며 살라. 그러면 하나님께서 하늘의 은혜를 부어주실 것이다.

"너희가 즐겨 순종하면 땅의 아름다운 소산을 먹을 것이요"
(사 1:19).

즐겨 순종하는 자에게 축복이 있다. 많은 그리스도인이 자신이 종임을 모르고 오히려 주님을 종으로 생각하고 자기 욕심대로 주님을 부리려고 한다. 주객이 전도된 것이다. 당신이 예수를 믿는다면 예수의 종이 된 것이다. 종은 순종으로 축복을 누린다. 이 종의 비밀은 신약에만 있는 것이 아니다. 구약에서도 하나님께서 쓰신인물은 다 하나님의 종이었다. 아브라함도 하나님의 종이었다.

"그 밤에 여호와께서 그에게 나타나 이르시되 나는 네 아버지 아브라함의 하나님이니 두려워하지 말라. 내 종 아브라함을 위하여 내가 너와 함께 있어 네게 복을 주어 네 자손이 번성하게 하리라 하신지라"(창 26:24).

하나님은 아브라함을 부르실 때 하나님의 종이라고 말씀하셨다. 정말 아브라함은 하나님의 종으로서 고향을 떠나라고 하실 때 갈 바를 알지 못하였지만 떠났고, 아들을 바치라고 하실 때 하나밖에 없는 아들이라도 바쳤다.

모세도 하나님의 종이었다.

"이스라엘이 여호와께서 애굽 사람들에게 행하신 그 큰 능력을 보았으므로 백성이 여호와를 경외하며 여호와와 그의 종 모세를 믿었더라"(출 14:31).

모세는 미디안 광야에서 목동으로 양을 치고 있을 때 하나님께서 나타나 이스라엘 백성들을 출애굽시키라고 말씀하시자 순종하여 떠났다. 그는 하나님의 종으로 광야 인생 40년을 살았다. 모세가 죽었을 때 성경은 여호와의 종 모세가 죽었다고 기록한다.

"여호와의 종 모세가 죽은 후에 여호와께서 모세의 수종자 눈의 아들 여호수아에게 말씀하여 이르시되"(수 1:1).

여호수아도 하나님의 종으로 살았다.

"이 일 후에 여호와의 종 눈의 아들 여호수아가 백십 세에 죽으
매"(수 24:29).

여호수아가 죽을 때 성경은 여호와의 종 여호수아라고 기록하
고 있다.
사무엘도 하나님의 종으로 살았다.

"여호와께서 임하여 서서 전과 같이 사무엘아 사무엘아 부르시
는지라. 사무엘이 이르되 말씀하옵소서. 주의 종이 듣겠나이다
하니"(삼상 3:10).

엘리야도 하나님의 종으로 살았다.

"선지자 엘리야가 나아가서 말하되 아브라함과 이삭과 이스라
엘의 하나님 여호와여 주께서 이스라엘 중에서 하나님이신 것
과 내가 주의 종인 것과 내가 주의 말씀대로 이 모든 일을 행하
는 것을 오늘 알게 하옵소서"(왕상 18:36).

하나님이 쓰신 사람들은 모두 자신을 하나님의 종이라고 말하

였다. 구약에서 '노예'라는 단어는 히브리어로 '에베드'인데 명사의 형태로는 799번, 동사의 형태로는 290회 등장한다. 신약에서도 하나님이 쓰신 자들은 다 자진해서 예수님의 종으로 살았다. 하나님의 종으로 산 자들은 "나는 죽어도 행복하다"고 말한다. 당신이 예수를 믿는다면 예수님에게서 독립하지 말고 매 순간 그분께 의존해야 한다. 의식적으로 그분을 의존해야 한다. 그분을 의존하는 만큼 풍성한 삶을 살게 된다.

하루 중 자주 "주님, 도와주십시오"라고 기도하라. 당신은 자기 능력을 믿지 말고 철저히 주님께 의존하는 주님의 종으로 살라. 예수님의 종은 염려하거나 두려워하지 않는다. 예수님의 종은 자랑하거나 교만하지 않는다. 예수님의 종은 불안해하지 않는다. 예수님의 종은 늘 감사할 뿐이다.

미국에 대학생 선교회 CCC가 있다. 나도 대학 시절에 이곳 구성원이 되어 활동하였다. 빌 브라이트는 이 CCC 선교단체를 창립한 사람으로 20세기의 가장 위대한 크리스천 지도자 중 한 사람이다. 그는 「사영리」라는 소책자를 만들어 전 세계에 25억 부를 배포했다. 또 〈예수〉라는 영화를 찍었는데 660개 언어로 번역되어 40억 명이 이 영화를 보았고 1억 5천만 명 이상의 사람이 예수를 믿었다. 그는 정말 위대한 인생을 살았다.

어떤 목사님이 그에게 물었다.

"왜 하나님이 당신을 사용하시고 당신의 삶에 그렇게 많은 복을 주셨다고 생각합니까?"

그러자 그는 그는 이렇게 대답했다.

"나는 젊었을 때 하나님과 계약을 맺었는데, 거기에 '바로 이날부터 나는 예수의 종이다' 라고 썼다네."

정말 그의 무덤에 가보면 묘비에 딱 두 글자만 새겨져 있다.

"예수님의 종."

빌 브라이트는 정말 예수님을 주인으로 모시고 예수님의 종으로 살았다. 그가 예수님을 주인으로 모시고 종으로 살았을 때, 그의 인생에 위대한 미래가 펼쳐졌다.

그가 모든 사람을 대신하여 죽으심은
살아 있는 자들로 하여금
다시는 그들 자신을 위하여 살지 않고
오직 그들을 대신하여 죽었다가 다시 살아나신
이를 위하여 살게 하려 함이라.

- 고후 5:15 -

나는 예수의 종이 되어야 한다

1. 헬라어에는 '종' 이라는 단어는 크게 '디아코노스' (diakonos)와 '둘로스' (doulos)가 있다.

   디아코노스는 우리 성경에 주로 하인으로 번역이 되었고, 둘로스는 노예인데 종으로 번역되었다. 하인과 노예의 차이점을 말해보라.

2. '주' 라는 단어는 누가 사용하였는가?

3. 종의 가장 큰 특징이 무엇인가?

4. (   )의 기쁨이 종의 기쁨이다.

5. 당신은 주인을 기쁘시게 하려고 무엇을 하는가?

6. 마리아는 어떻게 예수님의 몸에 향유를 부어 장례를 생각하게 되었는가?

—

예수를 주로 모시면
이기는 인생이 된다

＊　＊　＊　＊　＊

"무릇 하나님께로부터 난 자마다 세상을 이기느니라. 세상을 이기는 승리는 이것이니 우리의 믿음이니라. 예수께서 하나님의 아들이심을 믿는 자가 아니면 세상을 이기는 자가 누구냐"(요일 5:4-5).

사도 요한이 살던 시기는 로마 황제의 불같은 시험이 있는 고난의 시기였고 핍박의 시기였으며 악한 시대였다. 당시 주후 1세기 초대교회 교인들은 사회적 약자였다. 그 무렵 로마제국은 주변 국가들을 칼과 창으로 정복했다. 그들은 로마에 대항하는 자들을 서슴없이 죽였다. 수많은 그리스도인이 로마군에 체포되었고 화형으로 죽어갔다. 사도 요한은 이런 어려운 상황에 있는 초대교회 교인들을 이기는 자라고 격려한다. 아니 지금 내 눈에 보이는 것이 가난이고 질병이고 사회적 약자인데, 어찌 이기는 자가 되겠는가?

> "무릇 하나님께로부터 난 자마다 세상을 이기느니라. 세상을 이
> 기는 승리는 이것이니 우리의 믿음이니라. 예수께서 하나님의
> 아들이심을 믿는 자가 아니면 세상을 이기는 자가 누구냐"(요
> 일 5:4-5).

사도 요한은 요한일서 5장 4~5절에서 '이긴다' 라는 말을 현재
형으로 표현하고 있다. 과거에 이긴 것이 아니라 미래에 이길 것도
아니라 오늘 현재 지금 이긴다는 뜻으로 사용하고 있는 것이다. 그
렇다면 우리는 어떻게 하면 요한의 말처럼 매일 매 순간 이기는 인
생을 살 수 있는가?

사도 요한은 예수가 하나님의 아들이심을 믿는 자, 즉 예수를
주인으로 모시는 자가 이 세상을 이기는 자가 된다고 말한다. 앞에
서도 말했듯이 하나님 아들의 뜻은 나의 주인이라는 말이다. 하나
님의 아들은 하늘과 땅의 모든 권세를 가지신 하늘의 주인, 온 땅
의 주인, 모든 나라의 주인, 모든 교회의 주인, 모든 가정의 주인,
나의 주인이다.

하나님의 아들 = 나의 주인이라는 것을 기억하라. 예수님을 하
나님의 아들, 즉 내 주인으로 모시면 무슨 일이 일어나는가? 세상
을 이기는 자가 된다고 말씀하신다. 예수님을 내 주인으로 모시면

하나님을 대적하는 세상을 다 이긴다.

사도 바울은 어떤 형편에서도 자족하고 무슨 일을 당해도 할 수 있다고 말한다.

"내가 궁핍하므로 말하는 것이 아니니라. 어떠한 형편에든지 나는 자족하기를 배웠노니 나는 비천에 처할 줄도 알고 풍부에 처할 줄도 알아 모든 일 곧 배부름과 배고픔과 풍부와 궁핍에도 처할 줄 아는 일체의 비결을 배웠노라. 내게 능력 주시는 자 안에서 내가 모든 것을 할 수 있느니라"(빌 4:11-13).

바울에게 능력 주시는 자는 예수님이시다. 그 예수님이 내 주인이 되면 우리는 무슨 일이든지 할 수 있고 모든 것을 할 수 있다.

당신은 예수님을 주인으로 모시고 살고 있는가? 그렇다면 자신의 약점을 보고 낙심하지 말라. 당신 주변 사람과 비교하여 낙심하지 말라. 당신에게는 주인 되신 예수님이 계신다. 우리의 주인 되신 예수님은 우리를 언제나 승리로 이끄신다.

"나는 아무것도 못 해!"

"나는 되는 일이 없어!"

"나는 보잘것없어!"

"나는 모든 것이 엉망이야!"

이런 말을 하지 말라. 그런 말은 세상 사람들이 하는 말이다. 당신의 주인은 당신이 아니라 하나님의 아들 예수님이다. 사탄은 당신에게 낮은 자존감과 열등감을 주입해서 낙심하고 절망하게 한다. 속지 말라. 당신에게는 세상 모든 것을 이기신 주인이 계신다. 예수님은 세상과 싸워 이기신 분이다. 예수님의 음성을 들어보라.

> "이것을 너희에게 이르는 것은 너희로 내 안에서 평안을 누리게 하려 함이라. 세상에서는 너희가 환난을 당하나 담대하라. 내가 세상을 이기었노라"(요 16:33).

우리 안에 계신 예수님이 세상을 이기셨기에 우리도 세상을 능히 이긴다. 예수님은 우리가 세상을 살 동안 환난을 겪어도 담대하라고 말씀하신다. 누가 이기는 인생을 사는가? 당신 눈앞에 골리앗이 서 있는가? 두려워하지 말라. 스스로 주눅 들어 패잔병이 되지 말라. 단 한순간도 패배자로 살지 말라.

이스라엘 백성은 골리앗과 싸우기도 전에 눈에 보이는 골리앗의 거대한 모습을 보고 주눅 들어 두려움에 싸여 스스로 포기하고 말았다. 그들은 눈에 보이는 골리앗에게만 초점을 맞추었다. 전쟁이 시작되기도 전에 패배한 것이다. 그러나 다윗은 달랐다. 다윗은 눈에 보이는 골리앗 너머에 계시는 하나님을 보았다. 사울 왕은 다윗을 불러 "너는 어린 소년이고 저 골리앗은 어릴 때부터 용사다"라고 말하며 싸울 것을 포기하라고 말하였다. 그러나 다윗은 오히려 과거에 도우신 하나님이 지금도 도우신다고 말하였다.

> "또 다윗이 이르되 여호와께서 나를 사자의 발톱과 곰의 발톱에
> 서 건져내셨은즉 나를 이 블레셋 사람의 손에서도 건져내시리
> 이다"(삼상 17:37).

다윗은 골리앗에게 초점을 맞추는 것이 아니라 자신을 골리앗에게서 건져주실 하나님에게 초점을 맞추었다. 이 얼마나 위대한 믿음인가? 우리도 우리에게 이김을 주시는 예수를 바라보아야 한다. 우리가 이기는 이유는 우리가 강해서가 아니라 우리 안에 계신 주님이 지극히 강하시기 때문이다. 아무리 큰 고난과 시련이 닥쳐와도 우리에겐 주님이 계시니 능히 이길 수 있다.

하나님이 우리를 이 땅에 보내신 이유가 있다. 낙심, 불안, 두려움, 외로움, 불행, 패배 속에서 허덕이라고 하나님이 우리를 창조하신 것이 아니다. 사탄은 우리에게 두려운 상황을 부각시켜 패배감에 빠져 살게 만든다. 그렇기에 당신은 과거 실패한 일에 초점을 맞추지 말고 베풀어주신 은혜에 초점을 맞추어야 한다. 어려운 상황을 보고 낙심하거나 절망하지 말고 주님께서 예비하신 놀라운 일을 향해 전진해야 한다.

다윗은 주변 사람이 다 말려도 골리앗을 향해 뛰어나갔다. 다윗이 골리앗에게 하는 말을 들어보라.

"다윗이 블레셋 사람에게 이르되 너는 칼과 창과 단창으로 내게 나아 오거니와 나는 만군의 여호와의 이름 곧 네가 모욕하는 이스라엘 군대의 하나님의 이름으로 네게 나아가노라. 오늘 여호와께서 너를 내 손에 넘기시리니 내가 너를 쳐서 네 목을 베고 블레셋 군대의 시체를 오늘 공중의 새와 땅의 들짐승에게 주어 온 땅으로 이스라엘에 하나님이 계신 줄 알게 하겠고"(삼상 17:45-46).

다윗은 블레셋 사람, 즉 골리앗에게 "너는 칼을 믿고 창을 믿는구나. 나는 너와 다르게 믿는 것이 있다"라고 말한다. 다윗은 만군의 하나님의 이름, 이스라엘 군대의 하나님의 이름으로 골리앗에게 나간다고 말하였다. 여기서 다윗이 믿는 것은 만군의 하나님, 즉 하나님을 주인으로 모시고 그 주인의 능력을 믿는다는 것이다.

만군의 하나님이 내 주인이 된다면 이기지 못할 것이 없다. 하나님을 믿는다고 말만 하면 안 된다. 정말 그 하나님을 믿고 적을 향해 행동하는 믿음이 필요하다. 믿음은 행동으로 나타난다. 행동하지 않는 믿음은 믿음이 아니다.

다윗은 골리앗과 싸워 이기는 이 일로 왕이 되는 기회를 얻게 되었다. 훗날 이스라엘 백성이 다윗을 왕으로 세우게 된 원인은 바로 믿음으로 골리앗과 싸워 이겼기 때문이다. 다윗과 골리앗이 싸우는 그날 모든 이스라엘군은 왕이 될 기회가 있었다. 그러나 그들은 하나님을 믿는다고 말하지만 하나님을 주인으로 믿고 행동하는 자가 아니었다. 오로지 다윗만 하나님을 주인으로 모시고 골리앗과 싸워 미래의 왕이 될 기회를 차지한 것이다.

하나님은 당신에게도 엄청난 미래를 숨겨 놓았다. 하지만 믿음으로 행동하지 않으면 그 미래를 차지할 수 없다. 내 안에 계신 주인이신 예수님을 믿고 전진하는 자만 하나님이 예비해 놓으신 축복을 누릴 수 있다. 나의 주인이신 예수님은 우리 문제보다 크신 분이다. 나의 주인이신 예수님은 우리 두려움보다 크신 분이다.

「부자 아빠 가난한 아빠」라는 책을 보면 5장에 이런 말이 나온다. "세상에는 똑똑한 사람들이 아니라 담대한 사람들이 앞서 나간다. 과도한 두려움과 열등감이 개인의 천재성을 저하시킨다." 이 말은 "용기 없는 자는 세상을 이길 수 없다"라는 말로 요약할 수 있다. 세상에는 머리는 똑똑한데 가난한 자로, 패배주의자로 사는 인재가 많다. 그들은 부정적인 생각으로 미래를 바라보고 두려움에 빠져 아무것도 하지 않는다. 용기는 세상을 이기신 주님을 바라보는 자에게 생긴다.

성경에 골리앗이 몇 명 나오는가? 총 5명이다. 사람들은 대부분 다윗과 싸운 골리앗 한 명만 알고 있다. 사무엘하 21장에는 4명의 골리앗이 더 소개된다. 다윗 인생 말년에 다윗을 죽이려고 거인족들이 쳐들어왔다. 첫 번째는 거인족의 아들 아스비느놉이라는 자인데 다윗의 용장 아비새가 그를 죽였다.

"거인족의 아들… 이스비브놉이 다윗을 죽이려 하므로 스루야
의 아들 아비새가 다윗을 도와 그 블레셋 사람들을 쳐죽이니"
(삼하 21:16-17).

두 번째 거인족의 아들 삽을 십브개가 쳐 죽였다.

"그 후에 다시 블레셋 사람과 곱에서 전쟁할 때에 후사 사람 십
브개는 거인족의 아들 중의 삽을 쳐죽였고"(삼하 21:18).

세 번째 골리앗의 아우 라흐미를 엘하난이 죽였다.

"또다시 블레셋 사람과 곱에서 전쟁할 때에 베들레헴 사람 야레
오르김의 아들 엘하난은 가드 골리앗의 아우 라흐미를 죽였는
데 그 자의 창 자루는 베틀 채 같았더라"(삼하 21:19).

**네 번째는 거인족 소생 육손가락 거인을 다윗의 형 삼마의 아들
요나단이 죽였다.**

"또 가드에서 전쟁할 때에 그곳에 키가 큰 자 하나는 손가락과
발가락이 각기 여섯 개씩 모두 스물네 개가 있는데 그도 거인족
의 소생이라. 그가 이스라엘 사람을 능욕하므로 다윗의 형 삼마

의 아들 요나단이 그를 죽이니라"(삼하 21:20-21).

과거에 이스라엘 군대는 골리앗 앞에서 다 두려움에 떨며 숨었다. 그런데 지금 다윗의 장군들은 또 다른 골리앗인 거인족들과 담대하게 1대 1로 싸워 4명의 골리앗을 다 죽였다. 어찌 평범한 사람들이 겁도 없이 거인족과 싸워 이기는 이런 엄청난 도전을 하였는가? 그들은 다윗이 골리앗과 싸워 이기는 것을 보았다. 다윗이 골리앗을 이기는 문을 연 것이다.

육상 전문가들은 1마일(1.6km)을 뛰는 데 마의 4분 장벽이라는 말을 한다. 인간의 능력으로는 1마일을 4분 안에 뛰는 것은 불가능한 일이라고 말한다. 실제로 지난 2천 년 동안 1마일을 4분 안에 뛴 사람이 아무도 없었다. 어떤 의사는 사람이 1마일을 4분 안에 뛰면 심장이 터져 죽는다고 말하였다.

그런데 1954년 5월 6일 1마일 육상경기에 참전한 영국의 25세 로저 베니스터가 1마일을 3분 59초 4로 달려 마의 4분 장벽을 깼다. 전 세계가 깜짝 놀랐다. 그 후 한 달 뒤에 4분 안에 뛴 사람이 10명이 나왔다. 1년 뒤에 37명이 나왔다. 2년 후에는 300명이 나왔다. 이젠 누구도 1마일 경기에서 마의 4분 장벽을 말하지 않는다. 한 사람 로저 베니스터가 그 마의 4분 장벽을 깼기 때문이다.

다윗 한 명이 골리앗을 죽이자 다윗 주변의 장군들도 또 다른 거인족 골리앗을 죽였다. 구약의 다윗은 예수를 상징한다. 예수님은 세상의 모든 환난을 이기신 분이다. 우리도 예수님처럼 세상의 모든 환난을 이길 수 있다. 내 힘으로 이기는 것이 아니라 내 안의 주인으로 계신 예수님 때문에 이긴다. 예수님은 죽음조차도 이기신 분이다.

당신에게 어려운 문제가 나타났는가? 당신의 주인이신 예수님을 바라보고 문제 앞에 작아지지 말라. 우리가 이 세상을 살면서 패배자로 사는 것은 내 안에 주인이신 예수님이 계신 것을 잊어버린 것이다. 내 인생의 주인이 예수님이신데 내가 두려워하거나 불안해한다면 이것은 주인을 우습게 여기는 것이다. 내 인생의 주인이 예수님이신데 내가 염려한다는 것은 주인을 초라하게 만드는 행동이다. 내 인생의 주인이 예수님이신데 내가 포기하는 것은 주인을 믿지 않는 것이다.

예수님은 창조주로서 이 세상의 모든 것보다 크신 분이고
당신이 만난 모든 문제보다 크신 분이다.
예수님은 이 세상의 모든 것을 다스리시는 주인이시다.

당신이 이 세상 한가운데서 마치 모든 문제로 포위된 것 같은 상황에 놓여 있다고 하더라도 당신 안에 계신 주인이신 예수님을

바라보며 승리를 노래하라. 다윗은 외친다.

"천만인이 나를 에워싸 진 친다 하여도 나는 두려워하지 아니하리이다"(시 3:6).

매일 매 순간 예수님을 주인으로 모시고 살라. 하나님은 예수님을 주인으로 모시는 그 믿음에 역사하실 것이다.

"우리 주(인) 예수 그리스도로 말미암아 우리에게 승리를 주시는 하나님께 감사하노니"(고전 15:57).

당신이 매일 예수님을 주인으로 모신다면 하나님은 당신에게 승리를 주실 것이다.

코카콜라 사장이었던 아사 캔들러의 간증이다. 그는 알코올 중독자였다. 바로 살아 보려고 피나는 노력을 했지만 늘 실패하였다. 그가 술에 취해 집으로 돌아오는 데 귀에 벼락같은 소리가 들렸다.
"본능적 욕구를 절제하는 자가 성공한다."
깜짝 놀란 캔들러가 주위를 둘러보았으나 아무도 없었다. 캔들러는 집으로 돌아와 아내에게 자신이 들은 음성에 관해 이야기했다. 믿음으로 사는 그의 아내는 그 음성이 누구의 소리인지 금방 깨달았다. 그녀는 남편인 캔들러에게 말했다.

"하나님께서 당신을 사랑하셔서 그 음성을 주신 것입니다. 하나님은 지금까지 당신을 사랑하셔서 기다리고 계신 것입니다. 나와 함께 교회에 나가 예수님을 구원자로, 주인으로 모시고 그분께 본능적 욕구를 절제하게 해달라고 기도합시다."

캔들러는 아내의 말에 힘을 얻고 같이 교회에 나가 눈물로 기도하였다. 아무리 끊으려고 애써도 실패했던 술이 싫어졌다. 술 냄새가 역겨워졌다. 술의 사슬에서 벗어나자 몸이 건강해졌다.

약국을 경영하던 그에게 놀라운 일이 일어났다. 존 펨버턴이라는 사람이 찾아와 코카콜라 권리를 사라고 하였다. 그는 코카콜라 먹어 보고 그 당시 2,300달러를 주고 코카콜라 권리를 샀다. 지금 코카콜라는 195개국에서 판매되고, 코카콜라의 가치는 85조 원 정도 된다. 캔들러가 예수님을 주인으로 모시고 살자 위대한 미래가 열렸다. 이처럼 예수를 주인으로 모시고 산다면 과분한 만남과 과분한 기회와 과분한 은혜가 부어진다.

교회는 오래 다녔는데도 늘 염려 근심 걱정 두려움 속에 사는가? 그것은 당신이 당신 인생의 주인이라는 증거이다. 사도 베드로는 로마 황제의 불같은 시험 속에 로마 군사들을 피해 도망 다니는 인생을 살았지만, 그의 편지 베드로전서 5장 7절에서 주인 되신 예수님에게 염려를 맡기라고 권면한다.

"너희 염려를 다 주께 맡기라. 이는 그가 너희를 돌보심이라"
(벧전 5:7).

예수님이 당신 인생의 주인이 되면 놀라운 일이 일어난다. 모든 염려, 무능, 두려움, 불안이 사라진다. 예수님에게는 세상이 줄 수 없는 평안이 있다. 예수님은 어디를 가나 이기셨다. 예수님은 그 어떤 질병도 다 치유하셨다. 예수님은 갈릴리 바다의 거친 풍랑도 잠잠하게 하셨다. 예수님은 오병이어로 오천 명을 먹이셨다. 예수님은 십자가에 죽으시고 부활하셨다. 예수님은 모든 질병을 이기셨고 거친 풍랑도 이기셨으며, 굶주림과 배고픔도 이기셨고 심지어 사망도 이기셨다. 그 예수님이 당신의 주인이시다. 그러므로 당신은 이기는 자이다.

어떤 선교사의 간증이 기억난다. A 선교사는 인도에서 사역하다 같이 일하던 사람의 배신으로 마음에 큰 상처를 입었다. 그리고 얼마 후 비가 억수로 쏟아지는 날 교통사고로 온몸이 만신창이가 되고 얼굴이 피범벅이 되어 길바닥에 눕게 되었다. 지옥 밑바닥에 누운 것 같았다. 선교사역을 그만 내려놓고 싶었다. 게다가 얼마 후 인도 당국의 강한 핍박이 있었고 선교사가 이루어 놓은 모든 사역을 다 빼앗고 추방하려고 하였다. 정말 선교를 내려놓고 한국으로 돌아가야 하는가? 그때 선교사의 마음에 이런 생각이 들었다.

나의 왕 되신 예수님께서 흔들리지 않으시는데
내가 왜 흔들리는가?
나의 왕 되신 예수님께서 물러서지 않으시는데
내가 왜 물러나야 하는가?
나의 왕 되신 예수님께서 선교를 포기하지 않으시는데
내가 포기해야 하는가?

A 선교사는 다시 일어나 선교사역을 계속하였다. 지금은 네팔로 가서 히말라야산맥을 중심으로 인도, 네팔, 중국 전체를 아우르는 큰 사역을 하고 있다.

예수님을 나의 왕으로 모시면 왕이 가진 모든 것을 다 얻게 된다. 예수님이 나의 왕이 되고 주인 되어 나를 다스릴 때 내 인생은 왕의 인생이 된다. 나 혼자 힘으로 사는 초라한 내 인생을 살길 원하는가? 예수를 왕으로 모시고 왕의 삶의 일부가 되길 원하는가? 나 혼자 힘으로 사는 천 날보다 그분을 주인으로 모신 하루가 더 좋다. 당신의 인생에 어려움이 나타났는가? 왕을 앞에 세우라. 왕께 맡기라. 그러면 세상을 이긴다.

"자녀들아 너희는… 그들을 이기었나니 이는 너희 안에 계신 이가 세상에 있는 자보다 크심이라"(요일 4:4).

왕이신 예수님을 앞세우면 우리는 겨우 이기는 자가 아니라 넉넉히 이기는 자가 된다.

"그러나 이 모든 일에 우리를 사랑하시는 이로 말미암아 우리가 넉넉히 이기느니라"(롬 8:37).

당신은 어쩌다가 우연이나 실수로 태어난 자가 아니다. 하나님은 실수하지 않으신다. 당신은 하나님의 계획 속에서 이기는 자로 태어났다. 혹시라도 낙심과 절망과 패배의 삶을 사는 이가 있다면 지금 생각을 바꾸라. 그 패배의 삶은 하나님이 계획하신 삶이 아니다. 지금 예수를 주인으로 모시라. 그리고 주인 되신 예수님을 믿고 승리를 기대하고 승리의 길을 가라.

당신의 주인이신 예수님은 절대 패배하지 않으신다. 당신의 주인이신 예수님은 당신의 인생을 절대로 초라하게 만들지 않으신다. 포기하지 말라. 물러서지 말라. 당신은 넉넉히 이기는 자다.

예수를 주로 모시면 이기는 인생이 된다

1. 누가 이 세상을 이기는 자로 인생을 살 수 있는가? (요일 5:4-5)

2. 다윗이 골리앗 앞에서도 담대한 이유가 무엇인가? (삼하 17:37)

3. 성경에 골리앗을 죽인 자는 다윗을 포함하여 몇 명 나오는가? (삼하 21장)

   다윗을 제외하고 골리앗을 죽인 자의 이름을 써보라.

   1) 삼하 21:16-17

   2) 삼하 21:18

   3) 삼하 21:19

   4) 삼하 21:20~21

4. "천만인이 나를 에워싸 진 친다 하여도 나는 (   ) 아니하리이다"(시 3:6).

5. "(   ) 예수 그리스도로 말미암아 우리에게 승리를 주시는 하나님께

   감사하노니"(고전 15:57).

6. "자녀들아 너희는 하나님께 속하였고 또 그들을 이기었나니

   이는 (   )가 세상에 있는 자보다 크심이라"(요일 4:4).

사람의 최고 문제는 돈이나 건강이 아니라 죄다. 죄는 그 어떤 것으로도 해결되지 않는다. 사람은 죄로 인해 열등감과 외로움과 애정 결핍과 자원 결핍으로 살다가 죽어야 하고 결국 지옥에 가야 한다. 이런 비참한 인생을 살아야 하는 사람에게 하나님께서 사람의 모든 문제를 해결하는 복된 소식, 즉 복음을 주셨다.

죽어가는 사람에게 최고의 명의가 약을 지어주면서 이 약을 먹으면 낫는다고 처방하였다고 하자. 그렇다면 반드시 그 처방대로 먹어야 살아난다. 마찬가지로 죄로 반드시 지옥에 가야만 하는 사람에게 하나님께서 최고의 처방을 주신 것이 복음이다. 그래서 복음이 무엇인지 아는 것은 정말 중요하다.

성경은 우리에게 최고의 복음은 예수라고 말한다. 예수님의 생애를 적어 놓은 것이 복음서이다. 사복음서는 우리가 영원히 살 수 있는 복음을 전해주는 책이기에 그 어떤 책보다도 중요하다. 복음서에서 말하는 복음은 그래서 그 어떤 복음보다 더 중요하고 꼭 알아야만 하는 것이다.

나는 이 책을 쓰면서 사복음서에서 말하는 복음, 즉 예수가 그리스도이시며 하나님의 아들, 즉 주인인 것을 계속 살펴보았다. 나는 평생 교회를 다니면서 저분은 정말 예수님 같다는 분들을 종종 보았다. 그들의 공통점은 '내'가 주인인 자아가 죽고 예수가 주인인 자들이었다. 전에는 '내가 언제 저분들의 인격을 닮아갈 수 있을까?' 생각하며 나와는 아득히 먼일이라고 여겼는데 이제 말씀을 통해 예수가 주인인 것은 누구나 할 수 있음을 알게 되었다.

나는 예수를 그리스도로만 믿다가 주인으로 모셔야 함을 알고 내 인생의 모든 것이 달라졌다. 부족한 내가 예수를 주인으로 모실 수 있다면 이 책을 읽는 모든 분도 다 예수를 주인으로 모시고 살 수 있다고 생각한다. 예수를 주인으로 모시는 것은 결코 어려운 일이 아니다. 나는 예수를 주인으로 모시고 걱정 근심 염려가 사라졌다. 물론 작은 걱정들은 생긴다. 그러나 큰 걱정은 완전히 사라졌다. 내 모든 걱정을 주인이신 그분께 맡기기 때문이다.

나는 점점 나이가 들어가지만 약해지는 건강 때문에 의기소침하거나 염려하는 것이 아니라 그분이 나의 주인이시기에 내일에 대한 기대가 가득하다. 갈렙은 85세에 저 산지를 자신에게 달라며 열정이 넘쳤고, 아브라함은 나이 120세에 눈이 쇠하지 않았다고 하였다. 사도 바울은 자기의 달려갈 길 다 마치고 의의 면류관이 기다리고 있다고 말하였다. 우리도 믿음의 선진들처럼 예수를 주인으로 모시고 산다면 아무리 나이가 들어도 열정이 넘치고 기대가 넘치는 삶을 살 수 있다.

나는 모든 그리스도인이 예수를 그리스도로만 믿으며 초라하게 사는 게 아니라 날마다 예수를 주인으로 모시고 살아 기쁨과 기대가 넘치는 삶이 되길 기도한다. 그분이 주인이 되면 인생은 문제, 문제, 문제투성이가 아니라 감사, 감사, 감사투성이가 된다. 나는 이 책을 통해 모든 그리스도인이 예수를 그리스도로 믿을 뿐만 아니라 주인으로 모시고 사는 자들이 되길 기도한다.

이제 노트북 자판을 멈추고, 조용히 〈예수로 충만하네〉 찬양을 불러 본다.

무명이어도 공허하지 않은 것은 예수 안에 난 만족함이라.
가난하여도 부족하지 않은 것은 예수 안에 오직 나는 부요함이라.
고난 중에도 견뎌낼 수 있는 것은 주의 계획 믿기 때문이라.
실패하여도 일어설 수 있는 것은 예수 안에 오직 나는 승리함이라.
난 예수로 예수로 예수로 충만하네.
난 예수로 예수로 예수로 충만하네.
난 예수로 예수로 예수로 충만하네.
영원한 왕 내 안에 살아계시네.

내 몸이 약해도 낙심하지 않는 것은 예수 안에 난 완전함이라.

화려한 세상 부럽지 않은 것은 난 예수로 예수로 충만함이라.

난 예수로 예수로 예수로 충만하네.

세상 모든 것들도 부럽지 않네.

난 예수로 예수로 예수로 충만하네.

영원한 왕 내 안에 살아 계시네.

난 예수로 예수로 예수로 충만하네.

세상 모든 풍파도 두렵지 않네.

난 예수로 예수로 예수로 충만하네.

영원한 왕 내 안에 살아 계시네.

당신이 이 책을 읽었다면 혼자 읽는 것으로 끝내지 말고, 반드시 소그룹을 만들어 인도하면서 다시 읽어보기 바란다. 그리고 할 수만 있다면 소그룹을 7번 인도하면서 총 7번 읽어보기 바란다. 그렇게 된다면 정말 이 책의 내용처럼 예수가 주인 되는 삶을 살 수 있게 될 것이다. ■

소그룹 나눔 답안지

▶ 소그룹 모임 1

1. 복음은 예수에 대한 소식이다.
2. 예수가 그리스도이시며 주이시다.
3. 예수가 그리스도이시며 하나님의 아들이다.
4. 예수가 그리스도이시며 살아계신 하나님의 아들이시다.
5. 예수가 하나님의 아들이시며 그리스도이시다.
6. 하나님의 아들 = 주인
7. 복음은 예수를 그리스도로 믿고 나의 주인으로 모시는 것이다.

▶ 소그룹 모임 2

1. 내가 주인이 되어 내 마음대로 사는 것
2. 내가 주인이 되어 아버지를 떠나 내 마음대로 사는 것
3. 내 마음에 하나님을 두기 싫어하는 것
4. 죄 = 나
5. 예수의 피는 하나님의 피다. 하나님의 피는 시간과 공간을 초월하여
   죄를 씻는 능력이 있다.
6. 우리의 주가 되시려고

▶ 소그룹 모임 3

3. 자기를 부인하고 자기 십자가를 지고 따라야 한다.
4. 로마 시대에는 황제를 큐리오스(주)라고 불렀다. 그런데 초대 교인들이
   예수를 큐리오스(주)로 부르자 사형에 처했다.

5, 예수를 주인으로 모시면 생명, 즉 영생을 얻는다.

▶ 소그룹 모임 4
　1. 자아
　2. 아담이 물려준, 내가 주인 된 삶
　4. 죽으면 많은 열매를 맺는다.
　5. 내가 죽고 예수가 사는 것이다.

▶ 소그룹 모임 6
　1. 하인은 자기의 의견을 가지고 있는 자이고 노예는 자신의 의견은 없고
　　주의 말에 순종하는 자이다.
　2. 노예
　3. 주인의 말에 즉각적으로 순종하는 것이다.
　6, 성령의 감동으로

▶ 소그룹 모임 7
　1. 예수님이 하나님의 아들(주인)이심을 믿는 자
　2. 하나님께서 골리앗 손에서 건져주실 것을 믿었기 때문이다.
　3. 아비새, 십브개, 엘하난, 요나단

이 책을 읽고 가장 은혜가 되었던 것은 무엇이며,
나의 신앙생활에 도전이 되었던 점은 무엇입니까?

■ 나의 신앙 고백 2

이 책을 읽고 가장 은혜가 되었던 것은 무엇이며,
나의 신앙생활에 도전이 되었던 점은 무엇입니까?

....

....

....

....

....

....

....

■ 나의 신앙 고백 3

이 책을 읽고 가장 은혜가 되었던 것은 무엇이며,
나의 신앙생활에 도전이 되었던 점은 무엇입니까?

....

....

....

....

....

....

....